ちくま学芸文庫

さらば学校英語 実践翻訳の技術

別宮貞徳

筑摩書房

目　次

はじめに

もう40年あまりも前のことになりますか、上智大学で初めて――おそらく日本の大学で初めて――翻訳論の講義・演習を開設したときの驚きがいまだに忘れられません。自分自身翻訳が好きで大きな関心を持って研究してきたことでもあり、授業の一つに加えてみようかと思い立ったわけですが、初めての試みでいったいどれだけ受講者が集まるかまるで見当がつかない。一応ゼミ用の小教室をあてたところ、いざ蓋をあけてみると押すな押すなの大盛況で、教室に入りきれず廊下に立っている学生の方が多いくらい。急遽、大きな教室に変更してもらいました。これが学生の関心の高さを身をもって体験した最初のできごとです。

その関心の高さは時とともにますます顕著になるのですが、それはおそらく世間一般の翻訳熱を反映してもいたのでしょう。あちこちに翻訳の通信教育や学校が開かれ、"Let's Enjoy Translation" なんていう広告が新聞に大きく出る。ぼく自身大学の講義のかたわらそういうところで長年にわたり教鞭をとることになりました（大学とその種の学校とでは、目標もちがえば、内容も方法もおのずから異なってきますが、本質に変わりはありません）。

その後こちらは寄る年波で大学も定年退職し、学校の方もお役ご免を願って、今では熱心な弟子だけを相手に私塾のような形で翻訳者の養成をはかるばかり。しかし、世間の翻訳熱の方は、一頃のようなブームは去ったものの、まだまだ根強いようで、ある日のこと懇意な筑摩書房の町田さおりさんから翻訳指導書の執筆を依頼されました。今までにその手の本はあれやこれやずいぶん書いているし、もうぼくの出る幕ではなかろうと一時は渋ったのですが、そのうちだんだん気分が乗ってきました。というのも、昔書いたものにその後獲得した知見を加えて出すのも一興と思い当ったからです。

その後の知見とは、1978年から1998年にかけて20年間月刊誌『翻訳の世界』(バベル)に連載した「欠陥翻訳時評」執筆のために得られたものにほかなりません。時評1本に1冊を取り上げるのが基本ですが、1冊をえらぶためには5冊ないし10冊ぐらいはチェックする必要があります。累計すると2000点近くに及ぶでしょう。内容ではなくただ翻訳の良否だけを調べるために、本の隅から隅までではないにせよ、これほど多くの翻訳書に目を通した人はまずいないと思います。それによって得られた膨大な誤訳・悪訳の集積。その主だったものは10冊近い単行本にまとめてありますが、さらによりすぐりしぼりにしぼったものを類型別に解説していけば、翻訳学習者には大いに資するところあるのではないかと考えた次第です。

ベースに使ったのは『翻訳の初歩』(ジャパン タイムズ、1980)。これは結構評判がよく、自分でもなかなかのものだと思っていますが(自画自賛!)、なにぶんにももう古くて絶版同然です。しかしこのまま埋もれさせるのは「もったいない」。昔の中学・高校の英語のリーダーを材料に使うという基本線を生かしながら、時に書き足し時に削って第5章の前半までほぼそのまま踏襲したあと、第6章として新しく「まちがえやすい語句」を設けました。ここに「その後の知見」が出てきます。第7章は元の本の第6章を精選したものです。

結果として、『翻訳の初歩』と6割ほど重なる部分がありますが、残る4割だけでもじゅうぶん読む価値があるのではないかと思っています。

以上、焼き直し出版の弁明。改めて、その焼き直しを可能にして下さった、上記筑摩書房の編集者町田さおりさん、そしてジャパン タイムズ出版部に心から感謝する次第です。

第１章

翻訳は知的なパズルである

翻訳、この知的なゲーム

横文字を見るととたんにじんましんが出るような人は論外ですが、外国語が一応嫌いではない人、広く言葉というものに関心のある人なら、おそらく翻訳をおもしろいと感ずるでしょう。なぜなのか。それは、翻訳が一つのパズル、並はずれて知的なゲームにほかならないからです。ジグソー・パズルをご存じでしょうね。いろいろ愉快な、あるいは凝った図柄のものが市販されており、ぼくも子どもと一緒になって 1,000 ピース、1,500 ピースというような大物に取り組んだことがあります。自分で何かつくり出すわけでもなし、複雑な思考を要求されるわけでもなし、ただ絵がつながるように、ピッタリはまるコマを見つけるだけのパズルで、あんなバカバカしいものはないと顔をしかめる人もいるでしょうが、これぞと思うコマがはまった喜び、自分で描いたのではないにせよ、一つの図柄が次第に完成されていくうれしさは、知る人ぞ知る。また、それがなければ、パズルとして成り立たないし、はやるはずもありません。

翻訳にもそれと似た楽しさがあります。ピッタリはまる言葉を見つけた喜び、一つの文章が完成されるうれしさです。しかも翻訳の場合、まず原文を読んでかくかくしかじかの意味内容を持つと判断し、それにあわせて言葉を見つける作業であると考えれば、ジグソー・パズルの図柄そのものも自分で描くと見ることも可能です。そういえば、まっ白で何もない、絵は自分で勝手にデザインするジグソー・パズルもありました。

あるいは、三角や四角の切片を使って、指定されたシルエットを作るタングラムというパズル。あれにも似ているといえるでしょう。いずれにせよ、この種のパズルには、ゲームというものの本性からして、さまざまなルール、言いかえれば制約があります。タングラムの場合なら、切片を一つも余さず使い、シルエットはモデルと寸分たがわぬ大きさでなければならない、というように。そして、制約があるからこそ、それを克服するところに楽しみもまたあるわけです。

それでは、翻訳における制約とはいったい何なのか。たとえば、'Let's enjoy translation.' という英文があったとして、Let's は「〜しよう」、enjoy は「楽しむ」、translation は「翻訳」で、それ以外ではありえないという点からすれば、なるほど制約にはちがいないにしても、それは電車が所定のレールの上を走らざるをえないのと同じで、ただ従っていればいいだけのこと。克服されるためにある制約ではない。レールの上を走りながら、しかも時速何百キロを出すというような要請があったときに、はじめて克服が問題となる。'Let's enjoy translation.' は、「あした雨が降る」ではなくて、「翻訳を楽しもう」だ。それ以外の何ものでもない。従って、翻訳にはゲームに見られるような制約は存在しない——こう考える人がいるかもしれません。いやきっといると思いますよ。しかし、それはとんでもないまちがいです。

「花より団子」は英語でどうなる

まちがいとは、またどうして？　それは、言葉がになっている情報量の多さを見そこなっているところにあります。今、理解に便利なように日本語から英語への翻訳を考えてみましょう。何語であろうと、翻訳の原理は同じですから。

おなじみのいろはかるたから、「花より団子」の１句をとります。これを英語に翻訳するとどうなるか。「花」はflower、「より」は rather than、「団子」は dumpling、それなら「花より団子」は ‘Dumpling rather than flowers.’ じゃないか、簡単だ——いやいや、それは考えが浅はかというもの。そんなに簡単にはすまないんです。「花より団子」が見かけよりはるかに多量の情報を持っていることは、日本人ならすぐわかるでしょう。

まず「花」とはただの花ではない、サクラ。昔から日本人にめでられ、たたえられてきた、日本を代表する花である。そして「団子」とは、肉の団子でも、魚の団子でもない、日本古来の菓子の団子。米の粉を水でこねて小さく丸め、蒸すかゆでるかしたもので、しょう油の付け焼きにするか、あん、きな粉などをつけて食べる。また、「花より団子」とは何か、花より団子の方がどうだと言いたいのか、それは、花より団子の方がましだ、役に立つ、ということだ。しかも、これは字づらの意味だけにとどまるものではない。風流よりも実利をとること、外観よりも実質を重んずることが、そこに比喩的に表現されている。しかし、なぜその比喩が花であり、団子であるのか。おそらく、花見というシチュエーションが想定されているのだろう。花見もまた古来日本人のリクリエーションの一つで、上野その他桜の名所にくり出しては、花をめでながら酒をくみ交わすやら、重箱詰めのごちそうをつまむやらしたものだった。そんな折に、いくら美しいにせよ、花を眺めたって何の腹の足しにもならない、とにかく団子でも食って腹ごしらえするのがかんじんと、無粋ながら実際的、現実的なことを考える人がいたのが、このことわざのできた由来ではなかろうか。まだある。ハナヨリダンゴと7音でできているのが、またなんとも言えないところで、それが日本語独特の、日本人好みのリズムをつくりだし、この句を調子よく口に出すことを可能にしている。

だいたいこんなところが、「花より団子」の伝える一般的な情報でしょうね。使う人間の個人的な意図や感覚に基づく情報が、さらに付加されるわけですが、それを除外してもなおかつこれだけある。翻訳とはこういう情報をすべて別の言語に転換すべき使命を持っているはずで、実際問題として可能かどうかはともかく、常にそれが乗り越えるべき制約として働いていることは否定できません。

'Dumpling rather than flowers.' じゃどうしようもない。「団子」を和英の辞書でひけばなるほど dumpling ですが、逆に dumpling を英和でひけば、「練り粉を丸め、味付けしてゆでたもので、スープに入れたり煮込んだ肉に添えたりして供する」とあります。これはむしろ「すいとん」のイメージです。そして flower。これも「花」にはちがいありませんが、ほかに「花」にあたる単語に blossom があります。どうちがうかといえば、flower がだいたい草花であるのに対し、blossom は木の花。日本語ではそんな区別をしないのに、英語では、サクラを、cherry flower とは言いません。こんなふうに、単語の意味内容からしてずいぶんずれている上、さらに困るのは、'Dumpling rather than flowers.' が単に単語をつなげただけで、まったくナンセンスな文だということです。外国人がこれを読んでも何のことだかわかりっこない。もとの日本語はおもしろいことわざなのに、その翻訳を読んだ（あるいは聞いた）外国人は、不思議そうに目をパチクリするばかり。そんなことでは誰もその翻訳が適切だとは思わないでしょう。大事な情報が伝わっていないと考えるにちがいありません。'Dumpling rather than flowers.' が、一見いいように見えてダメなわけはそこにあります。ろくでもない情報ばかり変換して、かんじんなものが落ちている。つまり、この場合ことわざとしての機能を果たしていないということです。

「団子」から「プディング」へ

英語に 'Pudding rather than praise.' あるいは 'Pudding rather than fame.' ということわざがあります。「称賛よりプディング」あるいは「名誉よりプディング」と——まず翻訳（？）してみて、はてなと考える。プディングというのは日本語でいわゆるプリンで——この方がプディングより俗な発音に近いようですが、ともかく、デザートとして食べるものです。それじゃあこれは、言葉だけでほめられたり、肩書だけの名誉を与えられるよりは、プリンの方がましということかもしれない。つまり、名より実、外観より実質の方が大事。とすると日本語の「花より団子」と同じことじゃないか。

‘Pudding rather than praise.’→「花より団子」。Pudding は「団子」ではないし、praise は「花」ではない。一見情報を正しく伝えていないようですが、深層から掘り起こしてみると、実はこの方が正しい。これが翻訳というものなのです。もちろん、「花より団子」を逆に英訳する場合も同じこと。ミクロの対応は意味をなしません。

「花より団子」には膨大な情報がたくわえられていることは、すでに見ました。「花」とは何か、「団子」とは何か、などなど。‘Pudding rather than praise.’も、もちろんそうです。pudding とはどんな性格を持つものか。お年寄りには「プリン」といえば、外国の上等の菓子に思えるかもしれません。今では日本でも「○○プリン」とか「プリン××」とかインスタント食品としても一般家庭にどんどん入りこんでいますから、高級というイメージはなくなっているでしょう。実はイギリスでも昔からそのようです。デザートとしてごくあたりまえに使われる——日本の団子のように。だからこそ、‘It isn't worth a pudding.’ということわざまである。「プリンほどの値打ちもない」です。これは決して「プリンほどの値打ちはない」ではありません。pudding は価値のないものの、いわば代名詞として使われているわけです。したがって、‘Pudding rather than praise.’ということわざには、当然こういう観念も含みとして入っているにちがいありません。つまり、「言葉だけでいくらほめられたってそううれしくはない。プリンをごちそうしてもらう方がまだしも腹の足しになる。プリンなんてごちそうにはほど遠いものだけれども」というように。

いや、さらにその先まで考える人もいるかもしれません。プリンといっても、種類はいろいろあるし、できばえはもとよりピンからキリまであるでしょう。「プリンのごちそうか。これはありがたい」と思って食べてみたら、まずくてまずくて……ということもなきにしもあらず。そこで 'The proof of the pudding is in the eating.' ということわざが出てくる。「プリンの良し悪しは、食べてみればわかる」。いくら理屈や能書きを並べても、プリンがおいしいかどうかはわからない、ということで、日本のことわざなら「論より証拠」や「百聞は一見に如かず」にあたるかもしれませんが、とにかく、プリンについてはそういう連想が伴うこともたしかです。それなら 'Pudding rather than praise.' にも、「食べてみなきゃうまいかどうかわかったものじゃないが、それでもプリンなら一応腹の足しにはなる。それにくらべりゃ……」という気持ちまで入っているかもしれません。

何を、どんな意図で、どんなスタイルで

たかがこれしきの言葉にもずいぶんいろいろなことが含まれているものですが、ここで今まで述べたことを一度整理してみましょう。

'Pudding rather than praise.' に含まれている情報は、

(1) pudding＝「プリン」、praise＝「称賛」など、表面上の意味。全体としては、「称賛よりもプリン（の方がまし）」。
(2) 深層の意味。pudding には「大したものではない」という感じもある。全体としては、「名ばかりのものより実質的なものの方がありがたい」。
(3) よく使われることわざで、(2) の意味であることは、万人が承知している。

およそこんなふうに分けて考えることができるでしょう。実はこれはセオドア・セイヴァリー（Theodore H. Savory）が *The Art of Translation*（拙訳『翻訳入門』八潮出版社）の中で次のように述べているものに相当します。

(1) What does the author say?
(2) What does he mean?
(3) How does he say it?

日本語にすれば、

(1) 著者は何と言っているか。
(2) それで何を言おうとしているのか。
(3) どんな言い方をしているか。

となるでしょうか。(2) の「何を言おうとしているのか」は、もちろん、口から出た言葉ではなく、頭の中では何を意図しているか、ということです。(3) の「どんな言い方をしているか」は、感覚的なスタイルの問題。こっけいとか、厳粛とか、硬いとか、くだけているとか、そういう区別をさします。

さて、セイヴァリーは、翻訳者はいつもこの3点を考えなければいけないと言っているのですが、たしかにそのとおり。(1) だけですむこともあります。(2) まで進まなければいけないこともあります。それでもまだだめ、(3) が必要なこともあります。'Pudding rather than praise.' について言えば、「称賛よりもプリン」では何のことやらわからない。「名よりも実質の方が大事」ではおもしろくない。そこで、「花より団子」になる、というわけです。そして、(1) だけならおおむね辞書をひけば片付きますが、(2)、(3) はそういう機械的作業では間に合わず、理知と感性が相応にそなわっている必要がある。それがいわゆる読解力にほかなりません。'Pudding rather than praise.' の場合、大きな辞書で pudding の項をひけば、その意味までさいわい書いてありますが、それはこのことわざがよく使われているからで、どの単語にも、どの句にも、文脈にふさわしい訳が辞書に必ず出ていることなどありえません。むしろ、辞書は一般的な概念、指標しか与えてくれないものだと思うべきです――どの単語でも、どの句でも。

いや、'Pudding rather than praise.' が「花より団子」であるということさえ、一般的な指標にすぎないと思うべきでしょう。なぜか？

この日英二つのことわざは、どこからどこまでピッタリ重なり合うわけではありません。pudding と「団子」は、いずれも大して値打ちのあるわけではない食物という点で、たしかに一致しているでしょう。しかし、praise と「花」は、非実質的という点で似ていても、状況はまったくちがいます。一方は、「ひとにほめられる」のに対し、他方は「美しいものを眺める」。「花より団子」を広辞苑で調べると、第1に、「風流を解せぬ」とあるとおりで、本来これは美意識に関連して使われることわざです。ですから、たとえば、花見に出かけたのに、「おれは花より団子だ」とごちそうをつまんでいるのを 'Pudding rather than praise.' と訳してすましているわけにはいかないでしょう。

逆の場合も同じです。パーティに出かけた男性が、美女には目もくれずオードブルをつまんでいるのなら「花より団子」といっておかしくありませんが、たとえば、おつむのあまりよろしくない女性になんだかんだお世辞を言われて閉口しているところへ、美しいこの家のホステスがカクテルを持ってきてくれる。思わずほっとして 'Pudding rather than praise.' とつぶやいた。こんな状況なのに「花より団子」と翻訳したら、この美しいホステスに対する侮辱にさえなりかねません。むしろ、本質的にはまったく意味がちがうけれども、「地獄に仏」などを持ってくる方が、臨機の措置としてここではずっとピッタリするのではないでしょうか。

現実にプリンが大きな意味を持っているときも困ります。食卓で坊やがいい子だったとほめられている。そこへデザートにプリンが出てきた。プリンが好物の坊やは大喜び。そのときまさか、「あなたは花より団子でしょう。何しろお団子が好きなんだから」というせりふをイギリス人のお母さんに言わせるわけにはいきますまい。ではどうするか。

「ピーターは花よりプリンね。プリンには目がないから」というようなことにでもするほかないかもしれません。イギリス人が口にする言葉としておかしくもないし、日本人の読者は「花より団子」のもじりであることを当然意識してくれるでしょうから。

完全を目ざす努力——数ある情報の見きわめ

まさにパズルです。‘Pudding rather than praise.’ の1句を翻訳するのにも、こんなふうに前後左右、上下表裏、さまざまな方角から眺めなければならない。言葉の持つ多種多彩な情報、それをすべて変換することはしょせんむりとも言えるかもしれません。現に翻訳不可能論、つまり完全な翻訳などできるものではないという論をなす人もいます。じゃあ、はじめからむりとわかっているものをどうしてやるんだ。意味ないじゃないか、と言うのは浅はか。不可能にせよ、できるだけ完全なものに近づけようと努力することはできるわけで、結局、翻訳とはそういうものなのです。たくさんある情報の中でどうしても落とせないものを見きわめて、なんとか別の言語におきかえる。それがいわゆる直訳ではありえないことは、これまでの説明ですでにおわかりでしょうし、辞書がいつも頼りになるわけではないことも、はっきりしたと思います。タングラムのたとえをまた使えば、今「情報を見きわめる」と言ったのは、シルエットの形を正しくつかむこと。それにあわせて切片を並べていくわけですが、完全に一致させることはなかなかむずかしい。どうしても近似の形にせざるをえませんが、できるだけ近いものをつくるには、手持ちの切片の形と数をふやすことです。つまり、日本語の語彙・表現をできるだけ多く身につけることです。翻訳という知的パズルを完成するためにおそらくいちばん大切なのはこのこと。切片の持ち合わせが貧弱な人は、翻訳パズルにとりくむことはやめた方がよろしい。「翻訳なんてやさしい」とおっしゃる——では、その「やさしい」を別の言い方におきかえてみて下さい。「容易だ」「わけはない」「むずかしくない」「簡単だ」——そのへんでダウンしてしまうようでは望みはありません。「朝飯前」「お茶の子さいさい」「赤子の手をひねるようなもの」——と続くようでなくてはだめです。こんなふうに切片をたくさん持っているということを前提に、次は、どのようにその切片をつなげて所定のシルエットをつくるかというところに、話は移っていくわけですが、その前にもう一つ大事な注意をしておきます。

原文が持っている情報の中に、あまりにも当然でほとんど意識の上にのぼってこないものが一つあります。それは、よほど特別な場合を除き、原文がその読者には自然なものとして受けとられ、理解されているということです。著者は、特殊な意図を持たない限り、ことさらに読者にわからないように、不自然に書いているはずがない。もちろん、著者によって難解な文章を書く人もありますが、それはその人のスタイル、持ち味ですから仕方がありません。普通はこの「自然である」ということも情報の一つと考えられる。自然とはあたりまえということで、物事すべてあたりまえでなければおやっと思い、あたりまえなら何とも思わないものですから、この情報も意識されないわけですが、あたりまえであるだけに、この情報が翻訳で落ちこぼれたら、それこそ重大な欠陥になるはずです。「自然さ」とは言いかえれば「読むにたえる」――あえて「読みやすい」とは言いません。先ほど紹介したセイヴァリーの3項目には、一見入っていないようですが、実は、「どんな言い方をしているか」の中に含まれていると考えていいでしょう。このことを翻訳の要件としてはっきり打ち出した人もいます。イギリスのカトリックの高位聖職者で、聖書の現代語訳もやれば推理小説も書くという多才な人、ロナルド・ノックス（Ronald Knox）で、彼の *Trials of a Translator*（『翻訳者の試錬』）には、次の三つがあげられています。

(1) to be accurate（正確であること）
(2) to be intelligible（理解できること）
(3) to be readable（読むにたえること）

いくら一語一語正確に意味をたどって、たとえば「称賛よりもプリン」としても始まらない。さらにそれを理解できる形にし、さらに読むにたえるもの、文章としてすぐれた形にしなければいけない、ということです。翻訳をする前にまずこのことを肝に銘じておいて下さい。

第2章

翻訳は英文和訳とはちがう

'What's this?' を日本語にすると……

必要にせまられて、あるいは仕事として自分にもできそうだからこれから翻訳をやってみようと思っている方々は、おそらく英語に多少の自信をお持ちでしょう。自分は中学・高校を通じリーダーの点はよかった。大学でも英語の講読はAだった。しかし、それは早合点というもの。中学・高校・大学でやっているのは英文和訳であって、ほんとうの意味での翻訳とはいえません。英文和訳と翻訳とはちがう。どんなにちがうか、みなさんが中学・高校で勉強したリーダーを材料に説明しましょう。

三省堂の *Total English: Junior Crown Series*, No. 1 は、

I speak English.
You speak English.

で始まっています。どの教科書もおそらく似たようなものでしょう。まず一般動詞からという原理に従ったためと思いますが、昔はちがった。まず

This is a pen.

ひとしきりその形が続いたあと、

What is this?

でした。人間が発する最初の問いはこれなんだから、外国語の勉強もこれから始めてよさそうなものですが、その当否の判断は専門家にゆだねるとして、今は便宜上ここを出発点にします。

中学の英語の先生は、はじめて英語というものに接する１年生に、

What's this?
It's a pencil.

は、日本語に直すとこうなる、と教えます。

これは何ですか。
それは１本のえんぴつです。

そして、もちろん、英語ではこんなふうに１本か２本以上かを常に明らかにさせるんだ、と付け加えることも忘れません。生徒は、なるほどなるほどと得心がいったようにうなずいて、それがもとの英語の和訳だと思いこみます。

ところで、この二つのセンテンスを翻訳するとどうなるか。言葉というものは、決して抽象的な空間に浮かんでいるのではなく、必ずある人間がある状況のもとで発するものです。それがはっきりしていないと、あるいはそれをはっきりさせないと、翻訳はできません。日本語は老若男女貴賤親疎によってはなはだしく言葉づかいがちがうので――英語にもそのちがいがなくはないにしても――特にそ

れがいえます。そのさまざまな状況を想定した上で、‘What’s this?’の翻訳を考えると、

これは何か。

これは何だ。

これは何ですか。

これは何でしょう。

これ何だい。

これなあに。

これ何だよー。

こいつあ何でー。

といったようなところでしょうか。そのほか、「は」が入ったり入らなかったり、「これ」を別の言い方にしたり、「何だい、こりゃ」というふうに倒置したり、さまざまなヴァリエーションが出てきます。状況に応じてその一つを採用するということになるわけで、「これは何ですか」で片付けられるものではありません。

次は‘It’s a pencil.’

英語では１本であることを明らかにする、といって、日本語でもそうするのはおかしな話です。日本語では「１本の」とつけ加える必要は毛頭ありません。翻訳とは日本語に直すことなのですから。外国人は常に単数か複数かに関心を持つ、日本人は持たない。それは精神構造のちがいでどうしようもありません。外国人はどちらかを明らかにするのだから、日本語の翻訳でも明らかにすべきだ。それによってはじめて、外国人の考え方、あるいは意識のちがい

が読者にも伝えられる。翻訳というものの価値はそこにあるのであって、すべて日本的に作りかえてしまうのが能ではあるまい、という意見が必ず出てくるものです。しかし、そういうことを言い出せばきりがありません。それなら、英語は動詞の位置が日本語とちがうことも翻訳で示さなければならなくなる。「それは、である、1本のえんぴつ」というように。フランス語なら性のちがいもある。'C'est un crayon.' は「それは、である、1本の（男性）えんぴつ」とでもするんでしょうかね。それにまた、「1本の」と書けば、ことさらに1本であることが強調されてしまって、かえって原文の感覚からずれることにもなります。表面的なことにこだわるのは、むしろまちがいのもとです。

単数か複数かが重大なポイントになる場合は、日本語でもそれをなんとか工夫して表現する必要があるでしょうが、ここは「何であるか」を明らかにするのがポイントです。そして、「何であるか」を答えるにも、方法はいろいろある。注意しなければならないのは、「それ（は）」を頭につけない方がむしろ普通だということ。「です（だ）」さえ時には省略されます。「これなあに」「えんぴつ」という調子。そのほか、「えんぴつである」「えんぴつだ」「えんぴつです」「えんぴつだよ」「えんぴつよ」「えんぴつさ」「えんぴつね」と、人によって状況によって、文末はさまざまな変化を見せます。

これは何ですか
それはえんぴつです。

というような定式どおりの問答など、実生活には絶対にないと言っても過言ではないでしょう。

「私は英語を話します」のおかしさ

あたりまえの話で、こんなことを聞かされると、なんだバカバカしいと思うかもしれません。しかし、そんなバカバカしいことが、いわゆる翻訳の中には無数に起こっているから困るのです。さあ翻訳だ、と身がまえるとついそうなってしまう。ぼくはある席で、翻訳でいちばん必要なことは、翻訳しようとしないことだ、と逆説的な話をしましたが、その真意はここにあります。翻訳を意識しすぎると、機械的なおきかえに終始して、日本語を見失う。たとえば、リーダーの最初のセンテンス

I speak English.

はどうですか。おそらく

私は英語を話します。

で、それ以上なんの反省もおこなわれないでしょう。英文和訳ならそれでいいかもしれない。しかし、翻訳となれば、さっき言ったようにまず状況です。'I' をどういう人物だか想定しなければいけません。日本語の一人称代名詞はあきれるほど多い。わたし、わたくし、あたし、あたい、ぼく、おれ、おいら、わし……。今の世の中ならまさか「わ

が輩」や「拙者」はないでしょうが、とにかく、「わたし」とか「ぼく」とかにきめなければいけない。それをきめた上で、

私は英語を話します。

まだひっかかる。今、英語からまったく離れて、一つの日本語の文として「私は英語を話します」を考えてみて下さい。いったいそれをどういう意味に受け取りますか。

第1は、「私はふだん英語を使っている」という意味。「アメリカ人は英語を話す」と同じ形です。

第2は、「私は英語が話せる」という意味。これは、「会社の××さんは英語を話す」と同じ形です。

第3に、場合によっては「私は英語を話すつもりだ」という意味にもとれるでしょう。

たしかに英語の現在形は常習的な行為をあらわしていることがあって、'I speak English.' は、ここにあげた第1、第2の意味にもとれます。しかし、教科書のシチュエーションはそうではない。I stand up. I walk. I open the door. ... のように、現におこなっている動作を言葉で叙述して、'I speak English.' と言っているのです。そういうシチュエーションで、「私は立つ。私は歩く。私はドアをあける」は別におかしくない。だから「私は英語を話す」も理屈の上からは可能のようですが、しかしどうも不自然だ。なぜでしょう。

どうやらこれは、「○○は××語を話す」という日本語の表現が、ほとんど決定的に先ほどの第1、第2の意味、

つまり、「××語を常用している」「××語が話せる」の意味で使われるかららしい。現在の動作をあらわす、と理屈の上では言えても、実際に感覚の上では、そう受けとれないということです。

面倒なことをごちゃごちゃ言うようですが、われわれが平気で使っている日本語には、よく考えてみると、たしかに面倒なことがいろいろある。ふだん意識しないだけの話です。しかし、いざ翻訳をやるときには、それを極力意識にのぼせるようにしなければいけません。さもないと必ず妙なことになります。

教科書の次のページを開くと、今度は、別の動詞の練習で、

I study English.

これも無反省に機械的なおきかえをして、

私は英語を学びます。

と和訳する先生、生徒がきっと多いと思います。しかし、翻訳ではそういう日本語を使うわけにはいきません。いけないと言われればすぐ気がつくでしょうが、「学ぶ」とは書き言葉であって話し言葉ではない。そして、ここは先生と生徒の対話の形ですから、「学ぶ」という書き言葉はおかしいということになる。では何と言えばいいのか。「私は英語を勉強します」？　まだちょっとおかしい。「私は英語の勉強をします」の方が普通でしょう。

というと、現場の先生からは必ず反論がかえってきます。「英語の勉強を……」という所有格の形がこんなところで入ってきては困る。まだ英語を始めたばかりで、‘I speak English. … I study English.’ など English はすべて目的格。「英語を」と訳しておかないと生徒の頭が混乱する……。初学者に教える立場としては、もっともな意見です。しかし、「私は英語の勉強をします」と書いた生徒の答案を×にするようなことは、絶対に避けていただきたい。逆に翻訳のテストなら、「私は英語を学びます」は、まちがいなく×です。

こんなふうに、英語の簡単な動詞を、日本語でわざわざひねって、あるいは余分な言葉と抱き合わせて使うことは珍しくありません。先ほどの「話す」も「話をする」と他動詞ふうにする方がむしろ普通でしょう。ただし「話をする」は、「スピーチをする」という意味合いが出てきます。あるいは、「ものを言う」という表現もある。‘We see, we hear, we smell.’ を「われわれは見、聞き、かぐ」ではあまりにもぶっきらぼうですから、「われわれはものを見、音を聞き、においをかぐ」と書きたくなります。特に「かぐ」は「においをかぐ」としか使われないようです。

こういった他動詞化は、言葉のリズムに大いに関係があるような気がします。「話す」、「見る」、「聞く」、「かぐ」だけでは、短すぎて律動的な流れが作れないから、目的語を付加してあやをつけるということではないでしょうか。目的語ではなく修飾語が補われる場合もあります。恩師のヨゼフ・ロゲンドルフ先生がいつかこんな話をされました。「最近、日本人が英語に翻訳した小説を読んでいたら、

‘She drew a twig with her hand.’ と書いてある。外国人なら絶対にそんな書き方はしませんよ。draw は手でするのにきまっていますからね」。これは、もとの日本語に「手で引っぱった」と書かれていたにちがいありません。外国人にはふしぎでも、われわれにはちっともふしぎではない。リズムの都合で実際は余計なものでも平気で付け加えます。「手でさわる」「足で蹴る（足蹴にする）」も同じです。それを同語反復と排斥するには及びません。「彼女は枝を手で引っぱった」を英語に翻訳するときには、with her hand をつけるのはおかしいけれども、‘She drew a twig.’ を日本語に翻訳する場合には、「手で引っぱった」とすることもありうるでしょう。いつも日本語の自然な姿、リズムを考えることです。

「あなた」？ 「君」？ それとも

次の文は

You teach English.

‘I speak English.’ の ‘I’ をどうするかという問題がありましたが、ここでは ‘You’ が問題だなと考え、日本語の二人称は、「あなた」、「あんた」、「君」、「おまえ」ぐらいしかないし、「あなた」以外はまず使えそうもない、ということで、

あなたは英語を教えます。

におそらく落ちつくでしょう。さて、それでいいものかどうか。シチュエーションを相変わらず、先生と生徒の対話と設定すれば、もちろんこれは生徒の先生に対するせりふです。二人称の代名詞としては「あなた」はほかのものよりていねいにちがいありませんが、日本語は妙な言語で――と言っていいのかどうか――二人称の代名詞そのものがそう簡単に使えません。自分の身辺をかえりみればすぐわかることです。この本の読者には社会人も多いでしょうが、社内の上司はもとより同僚にも「あなた」は使っていないと思います。

「課長のお住まいどちらでしたか」

「××さんはどこの出身でしたっけ」

といった調子です。部下に対しては、

「君にこれやってもらいたいんだ」

と、「君」が使われますが、ここでもまた「××君」と姓で呼ぶことも多い。

家族の間はどうか。母親は子どもに対してほとんど例外なく子どもの名前を呼び、父親は幼児には名前、大きくなるにつれて多少「おまえ」が出てくるというのが普通でしょうね。子どもが親に話をする場合は、いうまでもなく、二人称代名詞は絶対に使われません。子ども同士の間では、年上の男の子が弟、妹に対してだけ時々「おまえ」になるのは、おやじの場合と同じ。普通はやはり名前です。夫は妻に対して、名前か「ママ（かあさん）」か「おまえ」もしくは「あなた」か「君」、妻は夫に対して、名前か「パパ（おとうさん）」か「あなた」です。

地域社会ではどうか。家庭の主人、主婦の間では、名前と「ご主人」「奥さま」のほかに「おたく」が非常に多くなります。

「おたくさまには大へんお世話になりました」

「おたくのネコがきていますよ」

そのほかデパートの店員は、

「お客さまのご予算に合わせまして……」

店のおやじとの問答は、

「おじさんとこにあれあったかい？」

「ああ、あの旦那のお好みの……」

友だち同士ではじめて、女性なら「あなた」、男性なら「君」「おまえ」が多用されます。

「あなた」がていねいな言い方という通念はとんでもない誤解で、相手が目上なら絶対に使えません。目下なら、「君」「おまえ」ですから、「あなた」の出番はほぼ同等かそれ以下の関係。しかも、極端に親しくはなく、ある程度の遠慮がある間柄ということになるでしょうね。もちろん、生徒が先生と話をする場合に使われるはずがありません。目上に対する定式どおり、職名の「先生」です。

これもあたりまえの話で、改めて注意するまでもないと思われるかもしれませんが、実際に世に出ている翻訳を見れば、訳者の無神経さはまったく驚くばかりで、you、your に適切な訳語をあてているかどうかで、訳の良否がかなり判断できるといってもいいくらいです。

you をどう処理すべきか、だいたい日頃の経験で判断できますが、そうはいかない場合もあります。以前、指揮者アンドレ・プレヴィンが編集した『素顔のオーケストラ』(日貿出版社)という本を翻訳しましたが、その中に、当然のことながら、オーケストラのプレーヤーが指揮者と話をする場面がいくつか出てくる。そのときの you をどう訳すか。つまり、日本のオーケストラで、プレーヤーは指揮者をどう呼んでいるか。これはしろうとにはわかりません。ぼくもかつて学生オーケストラに在籍していましたが、そのときの指揮者は、割に親しい間柄だったので「××さん」ですみました。これは一般の参考にはなりません。さいわい身内にプロのオーケストラプレーヤーがいるのできいてみたら、なるべく呼ばないですますと言う。「あのー、ちょっとちょっと、ここんとこフォルテですか」という具合だそうです。しかし、いくら呼ばないようにするといっても、呼ばないわけにはいかないこともあるだろうし、そんなときはどうするのだとさらにつっこむと、「先生の立場にある人なら先生かなあ」と、いとも頼りない返事でした。

しかし、考えてみると、よくあることのようです。たしかに私たちは、できれば相手を呼ばないですませようとしますね。夫は妻に対して、「ねえ」「ちょっと」と呼びかけておいて、そのあとは「出かけたついでにタバコを買ってきてくれ」とか「きのうどこへ行ってたんだ」とか、二人称代名詞もしくはその代替語の使用を極力避ける。照れくさいとき、呼び方に困るときは、特にそうです。

もう一つ、you に関しては次のような例もあります。英語のリーダーの第2課に入ると、

Do you play tennis?

Yes, we do.

という問答が出てくる。答から察せられるとおり、このyou は複数です。つまり、先生が生徒全員に質問しているということになる。そのときの you はどうでしょうか。

あなた方、テニスをしますか。

でも悪いことはない。これではていねいすぎるなら「あなたたち」。相手に男の子が多ければ、さらにランクを下げて「君たち」になるでしょう。先生の方が勇ましい人なら、もう一段下で

おまえたち、テニスやるか。

になるかもしれません。昔の軍隊では「きさまたち」でした。しかし、これも二人称代名詞を使わないことが実は意外に多い。それは、「みんな」あるいは「みなさん」という言い方です。

みんなテニスやるの？
はい、やりまーす。

特に学校の生徒が大勢で話しているのを聞けば、「みんな」という言葉の頻度が非常に高いことに気づくでしょう。

ねえ、みんな、遊ばない？

みんなのところに手紙来た？

演説や掲示・文書のたぐいは「皆さま」ときまったようなものです。

「○○が皆さまにごあいさつに参りました」
「消費者の皆さま。今回の料金値上げにあたりましては……」

自分をどう呼ぶか

以上は、you に対して二人称代名詞の訳語をあてない例ですが、日本語では一人称の代名詞さえ使われない場合があります。先ほどの‘Do you play tennis?’の前の文は、

Do I teach English?
Yes, you do.

となっていますが、この前半の問いは、

私は英語を教えますか。

と訳されるのが普通でしょう。それをほとんど誰も疑問に思わない。I に相当する日本語の代名詞はいろいろあっても、とにかくここは I＝「私」と単純に結びつけられてしまう。しかし、実際には、小中学校の先生は、生徒に対して自分のことを「私」あるいは「ぼく」とはまず言わない

でしょう。その代わりにどうするか。

　　さあみんな、こっちを見て。
　　先生の言うこときかないとだめじゃないか。

この「こっち」は、決して場所をさしているのではないし、「先生」は、この場合、決して一般的な先生を意味しているのではない。あくまでも「自分」です。外国人には理解しかねることのようですが、とにかく、日本語では私を「私」と呼ばないことが少なくない。そしてこれは、まず、相手が子どもである場合に限られます。まさか大学生を相手に、自分のことを「先生」と呼びながら話をする教授はいません。そして、学校以外に、家庭、一般社会にまでこの原則は及びます。自分の小さな子どもに向かって、「ぼく」「私」と平気で言える親がいたらお目にかかりたいものです。必ず、

　　おとうさんが宿題みてやろうか。
　　ママのお手伝いしてちょうだい。

となるでしょう。「ぼく」「私」など照れくさくて使えたもんじゃありませんよ。子どもが成長し、「パパ」はもちろん、「おとうさん」も幼稚に思えるようになってはじめて、なんとなく違和感を覚えながら「ぼく」「私」に移行するのが普通でしょう。特に母親はそれがむずかしいらしい。
　一般社会のおとなと子どもの会話もほぼ同じで、相手が小さいほど「ぼく」「私」が使いにくい。

おじさんに教えてくれない？
おねえさんがやってあげる。

と、親戚でもないのに言っていますね。

日本語に it はない

順序として今度は三人称代名詞に進むべきところですが、その前に代名詞 it にちょっと触れておきます。

この本の25ページに書いたとおり、昔の中学では、‘What's this?’（これは何ですか）の答、‘It's a pencil.’は「それは1本のえんぴつです」と教えられたものです。しかし、日本語では「1本の」が不用なだけでなく、「それは」もつけないのが普通だという話をしました。

この it は主語（主格）ですが、教科書の第2課では it が目的語（目的格）として出てきます。

Do we use Japanese?
　Yes, we do.
　We write it.
　We read it.

これは、

私たちは日本語を使っていますか。
　はい、使っています。

私たちはそれを書きます。
私たちはそれを読みます。

と教えられるし、またさしあたってそれでいいとしておかなければならないでしょうが、翻訳の立場からすれば、ここでもまた、日本語では「それ」などとはいわないことを肝に銘じておくべきです。外国人は、人間や事物を話題にするときには、2度目以降は代名詞を使って、くりかえしを極力避けます。日本語にはそういう習慣がない。では、同じものを何度もくりかえすのかというと、決してそんなことはなくて、要するに、2度言う必要のないような構造になっているのだ、と考えるべきもののようです。

今あげた例文でも、第2のセンテンスの「はい、使っています」は、まっ正直に和訳すれば「はい、私たちはそうしています」となるところでしょうが、いくらなんでもこっけいだから、「はい、使っています」にする。これを見ればわかるとおり、英語には we があるのに日本語にはないし、また、「使っています」を逆に英語にすれば‘We use it.’となるはずなのに、日本語にはその it にあたるものがない。英語、のみならずヨーロッパ語はすべて、使い方がきびしいが、日本語は割にルーズだと言えるかもしれません。たとえば、英語では他動詞は必ず目的語がなければならないから it を落とすわけにはいかない、という具合です。

もう一つ言っておきますと、そもそも it は、「それ」と言って何かを指し示すような働きを持つものではありません。そのことについては306ページをご覧下さい。

「彼」「彼女」の前で立ち止まれ

さてそこで三人称の人称代名詞ですが、他のすべての代名詞にまして、この使用はつつしんで下さい。そもそも「彼」「彼女」という言葉自体が、日本語になじまないもので、特殊な状況、特殊な意図のもとでしか普通は使われません。英語には、先ほど言ったような理由で頻々と現われますが、単純なおきかえは禁物。「彼」「彼女」と書く前にまず立ち止まれ、です。使わずにどうするかといえば、省略するか、もとの名詞・固有名詞にもどすか、方法は二つあります。三人称を含め代名詞のもろもろの形は、教科書の第11課でやっと出てくるので、そこから例文をとることにします。

I have another good friend. Her name is Kimiko. She is a good tennis player. I play tennis with her.

英文和訳すれば、

ぼくはもうひとりのよい友だちを持っています。彼女の名前はきみ子です。彼女はよいテニスの選手です。ぼくは彼女と一緒にテニスをします。

しかし、ここに3回出てくる「彼女」は、実際にはまったく必要ありません。

ぼくにはもうひとり親友がいます。名前はきみ子です。テニスがじょうずで、一緒にテニスをやります。

次も同じです。'When does Kimiko play tennis?' の答として、

On Saturday and Sunday. She plays it with her friend.

これを「土曜と日曜。彼女は彼女の友だちと一緒にそれをします」と言う必要は全然ない。

土曜と日曜に、友だちとやります。

で十分です。

第 12 課に入ると、最初に出てくるセンテンスは、

This is Vincent. He is an American student. He knows a boy in Russia. They are good friends.

英文和訳すればこうなります。

これはヴィンセントです。彼はアメリカの学生です。彼はロシアの少年を知っています。彼らはよい友だちです。

ここには、「これ」、「彼」、「彼」、「彼ら」と四つ出てきま

すが、さてどんなものか。最初の「これ」はしょうがない。せいぜい「こちら」か「この人」に言いかえられるぐらいでしょう。ほかはすべてとるか変えるかする。

> こちらはヴィンセントです。ヴィンセントはアメリカの学生です。知り合いにロシアの少年がいます。ふたりは仲のいい友だちです。

they はこの場合だからこそ「ふたり」なのであって、また「ふたり」だからこそこういう使い方ができる。３人、４人、５人……となると、そのまま単純に主語にすることは具合が悪くなります。「５人は仲のいい友だちだった」とは言いにくい。数が多くなれば、「みんな」を使うのが無難でしょう。

もう一つ注意してほしいのは、「知り合いにロシアの少年がいます」のところ。もちろんこう訳さなければならないものではなく、「ロシアの少年を知っている」で一向にかまいません。結局は、文章のリズム、嗜好《しこう》の問題です。しかし、この程度の言いかえは可能であるのみならず、時には必要にもなってきます。

「話し手」ってなんだ？

この前の例文の

> She is a good tennis player.

の場合、tennis player は「テニスの選手」かもしれないし、あるいはそうでないかもしれない。選手でなければ、単に「テニスをする人」です。そして、「よいテニスをする人」というのは、日本語として成り立ちませんから、「テニスがうまい」とするほかないわけ。これと同じ表現はたくさんあります。a good swimmer は、「すぐれた水泳の選手」もしくは「泳ぎのうまい人」です。しかし、学校で必ず教えられる、

He is a good speaker of English.

はどうですか。

彼はよい英語の話し手です。

という訳も習うにちがいありません。そう訳さないで×をもらったという生徒の話を現に耳にしたことがありますから。そんなバカな話はない。たしかに「話し手」という日本語はあるし、辞典を調べても、

(1) 話をする人
(2) 話の巧い人

と二通りの意味がのっています。しかし、普通「××手」が、ある仕事に長じた人、特に能力を持った人についていわれることは、「働き手」「使い手」などを考えればわかります。単に「働く人」「何かを使う人」ではありえない。

同じように、「話し手」も、単に「話す人、言葉を口に出す人」とは受けとれない。そして「話し手」という単語はあるにしても、このような文脈では、つまり、「英語の話し手」という形では、まず絶対に使われません。これはどうしても、

あの人は英語がうまい。

と言いかえるほかないのです。また「英語を話すのが〜」とする必要もない。「英語がうまい」といえば、話すのがうまいと解釈するのが常識になっています。要するに、「よい英語の話し手」は、英語の形をそのままなぞったという意味では、原文に忠実であっても、日本語としては形をなさない、無意味だという点で、落第です。これでなければ○をつけない先生がいるとは困ったもの。ついでに、もう一つ同じ形で

I am a poor sailor.

もおぼえておいて下さい。

ぼくは船に弱い（すぐ酔う、ということ）。

「貧しい船乗り」という意味にもなりますが、いずれが正しいかは文脈で判断すべきことで、「船に弱い」が正しいとすれば、それを「貧弱な船乗りだ」という表現で伝えようとするのはむりです。どうしても言いかえが必要になり

ます。
ともかく、ここで大切なのは、英語の形をなぞるのはバカげているということです。初学者は、つい名詞は名詞、形容詞は形容詞に対応させたがる。ミクロの対応はナンセンスという話は前にしましたが、それは、単語、構文、立論などすべての次元についていえます。a good speaker → to speak well の呼吸を忘れないこと。判断の基準は常に、日本語として通用するかどうか、自然かどうかです。
また第4課にさかのぼりますが、

What do I have?

という簡単な文章があります。教室で先生が生徒に向かってしている質問です。

私（先生）は何を持っていますか。

と言えなくはない。しかし、例のごとくシチュエーションを考えてみると、これは質問のしかたとして尋常ではありません。「あなた何持っているの」「その人何持ってるのかしら」はちっともおかしくない。この二つの場合、何を持っているのか話者（自分）自身にわからなくて、それを疑問として表明しているわけです。しかし、'What do I have?' は、自分自身にわからないこともありますが、今の場合そうではなく、自分にはわかっているのに、それを相手に言わせようと（あるいは考えさせようと）している。そういう状況なら、私、何持ってると思う？

という形の質問にするのが普通でしょう。ここでは、しかし、それもちがう。自分が持っているものは相手の目にちゃんと見えている。「思うか」という推測の質問はできません。相手が目で見ているものを、口でいえるかどうかの質問でなければいけないのです。それなら、

私が何を持っているか言える？

でいいか。どうも変わりばえがしません。「何持っていると思う？」とほとんど同じですから。ああでもない、こうでもないと考えた末にたどりつくのは、

私が持っているものは何ですか（先生が持ってるものなあに）。

です。おそらく質問の形としては、これがいちばん自然でもあり、したがって普通でもあるでしょう。英文の形とはまったくちがいますが、外側の形など気にするには及びません。

have はいつでも「持つ」ではない

結局は言いかえの部類にはいりますが、同じ一つの言葉でも、日本語に直すときにはいろいろくふうして、本来の

形とは似ても似つかぬものになることがよくあります。
　たとえば、今も出てきた have ですが、非常に守備範囲の広い言葉ですから、訳も千変万化です。第3課でまず習う 'You have a new book.' は、「あなたは新しい本を持っています」で、何も問題はありません。しかし、そのすぐあとの

　　We have a lesson.

で、たちまちはたと考えてしまう。「私たちは授業を持っている」とは言えないからです。

　　私たちは授業を受けています。

と言うほかないですね。ページをめくると今度は、

　　I have a good English teacher.

「いい先生を持っている」というのは、主客を転倒すれば「いい先生だ」ということだから、「私の英語の先生はいい先生だ」としたら？　これは強調点がずれてまずいでしょう。主客転倒はしないにこしたことはない。第一それでは good をとったら訳しようがなくなってしまう。

　　ぼくはいい英語の先生についています。

立場を逆にして、先生の方が

I have some young students.

と言っているのは、どうなりますか。「ついている（習っている）」を逆にして「教えている」もいいでしょうが、

私のところに若い学生が何人かいます。

という表現もできると思います。

教科書のずっと先には、

He ［The boy］ has short yellow hair.

という文が出てきますが、もちろん

その子は、髪が短くて黄色い。

これに類する表現は、ほかにもたくさんあります。

このように、一つの単語についても（特に外延の広い概念ならば）訳語は適宜、変えていかなければならないものです。原語が have だから全部「持つ」で片づけようなど、不届き千万。「会議を持つ」という言い方がかなり普及し、「会議が持たれる」まで時には見うけられるようで、ぼくは雑巾《ぞうきん》で顔をなでられたような不快な感じをおぼえるのです。気がきいているぐらいに思って誰かが使いだしたのでしょうが、何ともきたない表現で、翻訳者はこういう無神経な仕事は絶対につつしまなければいけません。

最後に、形容詞もうっかりできないことを、一例をあげて説明しておきます。

あなたは楽しい――そうかなあ？

不思議なことに中学の教科書には形容詞があまり使われていなくて、happy という基本的な形容詞さえ 2 年ではじめて登場するのですが、I am happy. はいうまでもなく「私は楽しい」で、問題はありません。ところが、

You are happy.　He is happy.

はどうか。

あなたは楽しい。彼は楽しい。

と言うわけにはいきません。かりにそう言えば、あなた、あるいは、彼が楽しい（おもしろい）人間だということになってしまう。つまり、日本語では、自分以外の人間の感覚をそのまま客観的に事実として表現することが簡単にはできないのです。「あなたは楽しい」の「楽しい」は、それを口にしている自分が楽しいのであって、決して「あなた」が「楽しいと感じている」ことにはならない。他人の感覚が自分にもたしかなこととしてわかっている場合は、この限りではありません。たとえば、

彼らは楽しかった。

とは言えます。彼らが楽しく感じていたことを、今の自分が知っているからです。「あなたは楽しい」がだめとして、それでは、われわれは普通何と言っているか。たとえば

あなたは楽しそうです。

のように、自分の主観、自分の感覚であることを、何らかの形で明らかにしています。

＊　＊　＊

おもしろいものですね。多くの人は形容詞の問題に限らず、日本語のこういった特性を、今まで意識したことはおそらくないでしょう。翻訳にとりくんではじめてそれが浮かびあがってくる。逆に、それが浮かびあがってこないようでは、ろくな翻訳はできないといっても過言ではありません。外国語を知るのは、自国語（自国の文化）を知ることだ、とゲーテは言いました。たしかにそのとおりですし、またそれは、翻訳という作業を通じて、とりわけ痛切に体験されるでしょう。その体験がえられるだけでも、翻訳者はしあわせだと思いますね。

翻訳は英文和訳にあらず、というのは、実はこの意識、この体験とかかわりのあることなのです。英文和訳にとどまっている限り、この意識にも体験にも無縁でしょうから。

第3章

英文和訳から翻訳へ

前章では、中学１年のもっとも基本的なセンテンスを材料に、英文和訳と翻訳の相違を説明しました。スタイルについて、語義選択について、そして品詞も、代名詞、動詞、形容詞が、この段階ですでに考えるべき問題として出てきましたが、常に判断の基準は自然な日本語ということです。それ以外の品詞（前置詞、接続詞）について、さらにイディオムや構文について、言うべきことは多々あるわけですが、それを一つ一つ取り上げるよりは、ここでは前章にひきつづき、今度は高校のリーダーを材料に、まとまった文章の英文和訳から翻訳への移行を練習してみようと思います。

経験を積むに従って、原文を一読するだけでたちまちそれにふさわしい訳文が頭に浮かぶようになるものですが、はじめはなかなかそうもいかないでしょう。知らない単語が出てきたら辞書をひかなければならないし、この関係代名詞の先行詞は何、この不定詞はどういう用法、このthat はどこへかかるかなどなど、文法の知識も大いに活用しなければならない。そういう解析を経てつくりあげた日本語はなんともみっともなくて、とてもひとに読ませるわけにはいきません。それでとどまってしまうのが、いわゆる英文和訳ですが、これを足がかりとして、翻訳らしい翻訳に進むという操作をするのも、最初はかまわないと思います。慣れた翻訳家も、経験によって無意識のうちに変換ができる場合を除けば、やはり同じ操作を非常に短時間でやってのけているのではないでしょうか。この２段階の翻訳は、前に述べたセイヴァリーの法則で言うなら、

'What does the author say?' から 'What does he mean?' そして 'How does he say it?' への発展、ロナルド・ノックスの法則で言うなら、accuracy から intelligibility そして readability への発展と見ることができます。

ともあれ、教科書から数行のパラグラフを取り出し、学生のやった英文和訳を書いて、それを revise する、という方法で話を進めることにしましょう。

わずかな「ずれ」が重なって

Spring in the English Countryside

Though it does not snow very much in England during the winter, the weather is usually cold ; the sky is covered with clouds, and the sun does not often shine. We look forward to spring and feel glad when the winter is over. Many people think spring the best season of the year. It gives us new hopes with warm days and beautiful flowers.

イギリスでは、冬の間はあまりたくさん雪が降りませんが、天気は普通寒いです。空は雲におおわれ、太陽はたびたび照りません。私たちは春を楽しみにして待ち、冬が終わったときにはうれしく感じます。多くの人は、春を１年の中でもっともよい季節と考えます。

それは、あたたかい日と美しい花で、私たちに新しい希望を与えます。

まず English という言葉について。こう言うとさぞかしびっくりするでしょうが、これをどう訳すかは、実はたいへん微妙な問題をはらんでいます。ややこしくなるのでここでは詳述を避けますが、基本的に、

England, English 「イングランド」「イングランドの」
Britain, British 「イギリス」「イギリスの」

とするのが無難だと考えておいていいでしょう。当のイギリス人さえ使い方が混乱しているようで、日本人が無頓着なのもむりからぬところがありますが、特に歴史関係の記事を翻訳するときには、厳重な注意が必要です。日常的には English を「イギリスの」として大過ないことが多いとはいえ、早い話、サッカーのイングランド代表をイギリス代表とするわけにはいきませんよね。

それから見出し、標題などタイトルの翻訳について。タイトルはその性質上、英語には英語の、日本語には日本語のそれぞれふさわしい用語、表現法があるので、その翻訳にあたっては原語にこだわることなく、内容をよくつかんだうえで、適切な日本語のタイトルを考えればいいでしょう。

さてそこでこの訳例ですが——

どこといってまちがいはないのに、全体を通じてまるで

日本語を勉強中の外国人のせりふのように聞えるのは、要するに日本語の慣用から各所ではずれているからです。
「冬の間は」というと、特にその部分が主題となるので、冬の間は降らないで季節はずれに降るのか、とついききたくなりますね。
「天気は寒い」もヘンです。「天気」は、専門用語としてはともかく、普通は空模様を意味する言葉で、晴れ、くもり、雨などにしか使わないものです。それなら、「寒い」とか「暑い」とかには何を使えばいいのか？　妙なことに、日本語にはぴったりした言い方がないようです。「きょうは寒い」「九州は暑い」だけで、何が暑く、何が寒いのか明示しません。「気候が寒い」は、言わなくはないにせよ、いささかとってつけたようです。「寒い」のかわりに、ちょっと堅苦しい言い方として、「気温が低い」はあるでしょう。これまたびっくりするかもしれませんが、「寒いです」のように形容詞に「です」をつけるのはほんとうは誤用で、昭和27年にようやくそれも認められるようになりました。日常会話ではごく普通に使われますが、書き言葉としてはずいぶん幼稚な感じがします。
「たびたび照りません」もよくない。「たびたび」は通常の形では肯定文にしか使われない言葉ですから。したがって「照らないことがたびたびある」は可能ですが、それは、英語の does not often shine とピッタリ一致するとは言えません。「たびたびは照らない」ならＯＫ。
「（春を）楽しみにして待つ」は教科書の脚注に書いてあるとおりにひきうつしにしたのですが、あまりスマートな言い方ではありません。「うれしく感じる」も注のひきうつしで、これまたやぼったい、鈍重な感じがします。何かを待ち望む表現はいくらでもあることですし、glad をいつも判で押したように「うれしい」とするのも芸のない話。ためしに辞書をひいたら ‘I'm glad of it.’＝「それはよかった」というのがありました。その呼吸です。

最後の文はまったく非日本語的。まず、「それは」とここで代名詞を使うのがまずい。無生物主語になっていますが、この程度のものならりっぱに通用するでしょう。「春は私たちに希望を与えてくれる」。しかし、「あたたかい日と美しい花で」は困る。この「で」は with を器具・手段を意味する前置詞と考えているわけですが、そこまで無生物に主体的な行為を認めることには、はばかりがありますね。詩ならもちろんそういう表現は可能でしょうし、散文でも場合によって許せるとは思います。いつもいつも平凡な表現に安住すべきではないということもある。しかし、ここでは場ちがい。そもそも原文の方は、詩的どころかごく平凡な表現なのですから、そう気どることもないわけですよ。

もう一つ、「ます」止めが連続するのも気になるところです。いずれ文末について一言しないわけにはいかないでしょうが、ここではその事実にだけ触れておきます。

イングランドの春

イングランドの冬は、雪こそ大して降りませんが寒いのが普通で、空は雲におおわれ、日の照ることがありありません。私たちは春が待ち遠しくて、冬が終わると気持ちが晴れ晴れします。春を1年でいちばんいい季節と考えている人が少なくありません。春の暖かい日ざしときれいな花は、私たちに新たな希望を与えてくれます。

1カ所補足すれば、「少なくありません」としたのは、文末に変化をつけるためと同時に、many を「少なくない」とする方があたっているのではないかと思われるからでもあります。「多くの」がしばしば誤解を招くという話を、かつて日本学者のヨゼフ・ロゲンドルフ教授から聞かされました。「多くの日本人はこう考えている」と言えば、感覚的には、半数以上あるいは大部分の日本人のように受けとられるが、Many Japanese think ... は、必ずしもそうではない、と。もちろん、場合によりけりでしょうが……。

もう一つ、老婆心からつけ加えれば、many は「多くの〜」と修飾語にするよりは、「〜が多い」と述語形容詞にする方が、日本語としては自然な形でしょう。同じく some は「いくらかの〜」よりは「〜もある」。no 〜 は「〜はない」の形でしか言いようがありません。数詞についても似たようなことが言えます。「1本の鉛筆が〜」「2匹の犬が〜」よりは、「鉛筆が1本〜」「犬が2匹〜」の方が、少なくとも話し言葉では普通です。

定型にとらわれない

We find violets and other flowers along the roads, and fresh green leaves on the trees in the woods. The branches of apple trees and other fruit trees are almost covered with blossoms. It is not always fine in spring; the weather often changes, a cold wind blows, and it rains. Then the blossoms fall from the trees; we are sorry to see them lying on the ground.

私たちは道に沿ってすみれやほかの花を、そして、森の中の木には新鮮な緑の葉を見つけます。りんごの木やその他の果樹の枝々は、ほとんど花におおわれています。春にはいつも天気がよいとは限りません。天気はしばしば変わり、冷たい風が吹き、雨が降ります。そのとき花は木から落ち、私たちはそれらの花が地面の上に横たわっているのを見て残念に思います。

along をこの場合「沿って」と訳すのはかまいませんが、いつもそうだと思っていると変なことになります。昔、中学の先生が go along the road を「道に沿って行く」と言うので、「それじゃ道ばたの草の上かなんかを進むんですか」と質問していやな顔をされたことがあります。

「新鮮な緑の葉」のことを、普通日本語では「新緑」とか「若葉」とか言うもので、「新鮮な」という形容詞は、特例を除き食品とか空気とか、体に摂取するものにしか使われないでしょう。

We find ... を「私たちは見つける」とする必要はないと思います。たとえば Go straight, and you'll find ... というような場合むしろなにかの存在を示すだけですが、ここでも同じです。だいたいこの手の知覚動詞は物を主体とする表現に切り替えた方がすっきりします（141ページ参照）。

「木の枝が花におおわれている」とはあまり言わないでしょう。先ほどの「空が雲におおわれる」はかまいませんが……。covered with dust なら「ほこりだらけ、ほこりまみれ」でしょうが、そのアナロジーで、「花だらけ」とするわけにもいかず、さてなんと言えばいいか、「花でいっぱい」ぐらいですか。

花が木から「落ちる」では、まるでサル。地面に「横たわる」ほど長い花もないでしょうね。

道ばたにはすみれそのほかの花が咲き乱れ、森の木の新緑があざやかです。りんごなど果樹の枝々もいっぱいに花をつけています。春といってもいつも好天に恵まれているわけではなく、天気は変わりやすくて、冷たい風も吹けば雨も降ります。そうすると花も散ってしまうわけで、地面に落ちたその有様を見ると、ほんとうに残念な気持ちになるのです。

ここでもひと言。to see them lying〜 は、知覚動詞＋目的語＋現在分詞というおなじみの文型で、「〜が横たわっているのを見る」と訳すように教えられますが、翻訳でその定型にとらわれる必要はありません。

何にでも「〜たち」はおかしい

Birds begin to sing and to build their nests. We find it interesting to watch the parent birds carry food to their young ones. As soon as the little birds have learned to fly, they can leave the nest and find their own food.

Farmers work hard to get their fields ready for summer and to plant corn and vegetables. We see sheep eating the fresh grass, and lambs running about near them.

from *The International Readers*
by KAITAKUSHA

鳥たちは歌い、彼らの巣をつくり始めます。私たちは、親鳥が彼らの子どもたちに食物をはこぶのを見るのをおもしろいと認めます。小さな鳥は飛ぶことを学ぶやいなや、巣を離れて彼ら自身の食物を見つけることができます。
農夫たちは、彼らの畑を夏のために準備し、トウモロコシや野菜を植えるために一生懸命働きます。私たちは、羊が新鮮な草を食べ、小羊が彼らの近くを走りまわっているのを見ます。

近ごろなににでもやたらに——無生物にでも——「たち」をつけるのがはやっているようで、はやりものだからいずれはすたれるとは思いますが、特にユーモラスな効果を目ざしているならば、それはそれでいいかもしれません。しかし、意味なく「たち」をつけるのはおかしなものです。このパラグラフでも「鳥たち」「農夫たち」は必要ないと思います。日本語は不便というか、あるいはむしろ便利というべきか、通常は単数複数の区別をしません。特に複数であることを明示するときには、同じ言葉を重ねるという方法が場合によっては可能です——「人びと」、「国ぐに」、「村々」、「山々」のように。しかし、「人びと」とは言っても、「犬いぬ」とは言わず、「村々」とは言っても「町々」とは言わず、「山々」とは言っても「川々」とは言いません。中学生時代に、複数名詞を必ず重ねて訳す英語の先生がいて、笑いをおさえるのに苦労したものです。人間、さらに広く動物については、「たち」がほぼいつでも可能ではありますが、常用はされません。ということは、つまり、日本語では複数を明示する必要が、特別の場合を除き、ないことを意味しています。単数も同じであることは、前章の最初に述べました。

「彼らの」が何度も出てくるのは、まずい翻訳のしるし。すべて取り除けると思います。

「私たちは……おもしろいと認めます」。この「私たち」はある特殊なグループをさしているのではなく、誰でもかまわない不特定多数ですから、むしろ非人称的な事実の叙述のように考えてしまえばいい。

as soon as 〜＝「〜するやいなや」と、まるで公式のようにおぼえさせられるものですが、実際問題として、「〜するやいなや」という表現は、日常めったに使われないでしょう。そんな妙な公式は忘れるのにこしたことはありません。もっとこなれのいい言い回しがほかにいくらでもあるはずです。

corn に注意。コーンフレーク、スイートコーンなど日本語のカタカナ語ではコーンといえばトウモロコシと受けとられますが、それはアメリカ英語。イギリス英語で corn は「麦」あるいは「穀物」です。トウモロコシはイギリス英語では maize と言います。トウモロコシは新大陸からヨーロッパに渡ったものですから。コロンブス以前の旧大陸にはトウモロコシなどありえません。聖書にも corn が出てきます。古代・中世の歴史を扱った本にも出てきます。うっかりそれを「トウモロコシ」と訳したら赤っ恥ですよ。それに、野菜って植えるものですか。

最後の We see sheep eating ... については、前のパラグラフにもありましたが、訳し方はいろいろで、We see を思いきりよく削ってしまってもいいでしょう。ここでは別の形で訳してみます。

鳥がうたい、その巣作りも始まります。親鳥がひなに餌をはこぶのを見るのは楽しいものです。ひなは、飛べるようになればすぐ巣から出て、自分で餌を見つけてきます。

農夫は夏にそなえて畑を耕し、穀物や野菜を作るのに一生懸命です。羊が草を食べ、そのそばを小羊がはねまわっている姿も見られます。

会話に注意

次は会話の多い小話を翻訳してみます。会話は、翻訳の優劣を判定する有力な指標になるくらいで、細心の注意が肝要ですが、要はふだんわれわれが話しているような調子で書くこと。高校のリーダーに出てくる会話なら簡単ですが、文学作品に出てくるものは、会話だけに文法も不完全ですし、そのときの気分や状況を的確につかんでいないと理解できないということもあり、なかなかむずかしいのですが、同時に非常におもしろくもあります。話している人の気持ちをあれこれ想像しながら、日本語のしゃれたせりふにまとめるのが、翻訳者の腕の見せどころでもあるわけです。

The Mysterious Letter

One evening there was a knock at the Green's front door.

"I wonder who that is," said Mr. Green. He went out and very soon came back with a letter in his hand.

"This was in the mailbox," he said. "I don't know who wrote it."

"Nor do I," said Mrs. Green. "Open it, Robert."

ある晩、グリーン家の正面のドアにノックがあった。

「あれはだれだろう」とグリーン氏は言った。彼は外へ出て、すぐに１通の手紙を持ってもどってきた。

「これが郵便受けにあった」と彼は言った。「私は誰がこれを書いたかわからない」。

「私もわかりません」とグリーン夫人は言った。「ロバート、それを開きなさいよ」。

最初の出だしの文章ですが、この小話を芝居に見たてて、そのト書きのつもりで訳すのも一つの手でしょう。いずれにせよ「ノックがあった」はおかしい。個人の家で「正面のドア」とも言いません。

... came back with a letter in his hand.——文法的にはたしかに with 以下が副詞句として came back にかかって

いるのですが、翻訳の場合、英語の文法にこだわる必要は毛頭ありません。he came back――もどってきたんだな。with a letter in his hand.――なるほど、手には手紙を持っているんだなと、英文の叙述に従って情景を頭に描きながら、自然に文章を書いていけばいいことで、前後の関係次第でこれを二つの文に分けることもできます。

そして、その前後の関係に目を注ぐと、次に「これが郵便受けにあった」というせりふが出てきます。「これが」というからには、その指示するもの、つまり手紙がこのせりふのすぐ前にあらわれている方がいい。手紙の記述があって、だいぶたってから「これが」では、わからなくはないにしても、聞く人、読む人の印象は散漫になるにちがいありません。と考えると、この場合、二つに分けて、英語の叙述の順に従う方が得策ということになります。

「彼は言った」というたぐいの合いの手を、日本語でいちいち入れるのは読者の気をそぐばかりで、つまらない。英語では said に限らず、いろいろな動詞が使われます。手近な本を開いてみても、asked、reminded、croaked、wept、giggled、sobbed のように、しゃべっている主体だけでなく、その状況まで伝えるものもあって、それは無視できないこともあるでしょうが、he said、said Mrs. Green にいちいちつき合うのはバカげています。英語の場合、書かなければ誰のせりふかわからなくなるということもあるでしょう。男女、おとなと子どもなど話し方に多少の差はあっても日本語ほどはっきりしていない。日本語は話者によってたいへんにちがう。したがって、ことさらに話者を明らかにする必要がないことになります。

「〜は言った」を入れるか入れないかは、むしろ口調や文章のバランス、情景叙述の都合によるといっていいでしょう。

妻の夫への呼びかけをどうするか、ぼく自身いつもすっきりしない感じを持ちながら翻訳をしています。「ロバート」というように、ご主人の名前を呼びすてにする奥さんは日本では少ないでしょうが、そこまでこちらの慣習にこだわらなければならないものかどうか。向こうではそれが普通だということが、日本人の誰にもすでに了解されているのだから、日本流に改めるには及ばない、というのも一つの考え方だと思います。訳者の好き好きでしょうか。

謎の手紙

ある晩のこと、グリーン家の玄関にトントンとノックの音。

「おや、誰だろう」と言いながらグリーン氏は出て行ったが、じきにもどってきた。手には手紙を持っている。

「こんなものが郵便受けにはいっていたよ。さて、わからんぞ。いったい誰からだろう」。

「私にもわからないわ」とグリーン夫人。「あなた、あけてみたら」。

この翻訳を読めばまたいろいろ疑問がわいてくるでしょう。たとえば ... who wrote it. を「誰からだろう？」とするのは、訳しすぎではないか、というような。しかし、「誰からだろう？」は「誰が書いたのだろう？」とまったく同じこと（発信人は誰か）を言っているので、この程度の言いかえはまったく問題になりません。むしろ、「誰が書いたのだろう？」は、手紙の文面を見ながら出てくるせりふと考えられるので、かえって状況に合わないでしょう。

あるいは ... said Mr. Green. He went out and ... のあたりの文の切り方が大幅に変わっているのも気になるかもしれません。「……と言いながら出て行ったが……」とは書かれていないではないかと。しかし、そんなふうになにもかも対応させようとするのは、かえってむりが出てきます。もっと気楽にかまえてイメージを追うことです。

全体の雰囲気をつかむ

Mr. Green opened the letter. " Look ! Two theater tickets — and for tonight. There's a letter, too. It says : ' Guess who sent you these tickets.' How funny ! I wonder who it was."

" Perhaps it was that friend of yours at the office," said Mrs. Green.

" Mr. Brown ? No — he's on holiday. But don't worry. It's a wonderful surprise, isn't it ? "

" When does the play begin, Robert ? "

"At eight o'clock," said Mr. Green. " I'll get the car out of the garage. Make some sandwiches, will you?　We haven't much time."

The Greens had an early supper and drove to the theater.

グリーン氏は手紙を開いた。「ごらん。劇場の切符が２枚ある。そして今晩のためだ。手紙もある。それにはこう書いてある。「誰があなたにこれらの切符を送ったか推測しなさい」。なんとおかしなことか。いったいそれは誰だったのだろう」。

「多分それは事務所のあのあなたの友だちだったのでしょう」とグリーン夫人は言った。

「ブラウン君？　いや、彼は休んでいる。しかし、心配するな。これはすばらしい驚きだよ、そうじゃないか」。

「お芝居はいつ始まるの、ロバート」。

「８時だ」とグリーン氏は言った。「私は車をガレージから出そう。サンドイッチをいくらかつくってくれないか。私たちはあまり時間がない」。

グリーン夫妻は早い夕食を食べて、劇場へ車を運転して行った。

Two theater tickets — and for tonight. のダッシュはなんのためにあるかといえば、「切符が２枚」と言ってから、しばし思い入れがあって、次の驚きに移っているのですから、訳すときも、それが外に出なければいけません。

著者がダッシュをひいているなら、訳者もできればその形にするのがいいと思います。
「推測しなさい」というような切口上の手紙を書く人はいないでしょう。手紙は手紙らしく、です。会話は会話らしく、はもちろんとして。
surprise は「驚き」にはちがいありませんが、あっと驚くような、思いもよらない贈り物をここでは意味しているので、ただ「驚き」だけでは舌足らずになってしまいます。
" Perhaps it was that friend of yours ..." " Mr. Brown ? No — he's on holiday." というやりとり。奥さんが、ほらあの人よ、と思いあたったことをいきおいこんで口にしているのに対し、旦那さんの方が首をかしげている様子が大切です。
We haven't much time. 時間がないときには、のんびりした言い方はしないものです。

グリーン氏は封を開いた。「ほら！　芝居の切符が２枚――それも今夜のだよ。手紙もはいっている。「さて、この切符の送り主は誰でしょう、わかりますか」だってさ。妙だなあ。ほんとうに誰だろう？」
「きっとあの人よ。会社のお友だちの」。
「ブラウン君？　いや――ブラウン君は休みのはずだ。まあ誰だっていいさ。とにかく、すばらしい贈り物じゃないか」。
「開演は何時なの？」
「８時だ。車をガレージから出すから、君はサンドイッチをつくってくれないか。もう時間があまりない」。
夫妻は早目の夕食をすませて、劇場へ車をとばした。

'Guess who sent you these tickets.' はいろいろに訳せます。「この切符を送ったのは誰だかあててごらんなさい」とまっ正直にやっても悪いことはないかもしれません。また、終わりまで全部読めばわかるとおり、これはたいへんひとをくったいたずらですから、「私は誰でしょう」とか、「さて、おわかりか……」とか、ユーモラスな書き方をとることもできます。このあたりは訳者の解釈、状況判断ひとつで、こまかい字句にとらわれるのは無用です。

ついでながら、今「終わりまで全部読めば」と言ったのは非常に大切なことで、翻訳をするからには、なにはともあれ、全体を通読して、雰囲気をつかまなければいけません。それによって、単語一つの訳し方まで変わってきます。

... don't worry. を「誰だっていいさ」としたのも、機に臨《のぞ》んでの訳。内容と状況から出てきた言葉です。むしろ、次の文との気持ちのつながりが重要でしょう――とにもかくにもすてきな贈り物なんだから、贈り主が誰であろうと気にすることはないさ、と。

年齢・性別・身分を忘れない

The play lasted till half past eleven, and it was

almost midnight when they drove back through the dark streets.

"It was a wonderful evening, Robert, wasn't it?" said Mrs. Green.

"Yes, it was," said Mr. Green, as he turned the car into the street where they lived. "Hello! There's a house with all its lights on."

"Oh, Robert! It's ours!"

"You didn't forget to turn the lights off, did you?" said Mr. Green.

"No — but look, Robert! One of the windows is wide open."

"Good heavens — and so is the door!"

芝居は11時半までつづいて、彼らが暗い道を通って車でもどったとき、ほとんど真夜中だった。

「すてきな晩だったわねえ、ロバート」とグリーン夫人が言った。

「そうだった」と、グリーン氏は、彼らが住んでいる通りの中へ車を向けたときに言った。

「あれ、すべての明かりをつけた家がある」。

「おお、ロバート、それは私たちの家よ」。

「君は明かりを消すのを忘れなかったかね」とグリーン氏は言った。

「いいえ——しかし、ほら見なさい、ロバート。窓の一つが広く開いています」。

「おやおや——そしてドアもだ！」

「住んでいる国」「住んでいる町」はちっともおかしくないのに、「住んでいる通り」となると妙な感じがしてくる。なぜかはっきりとは説明できないのですが、要するに語感というものなのでしょうか。「自分のすまいのある通り」としておけば、その違和感をのがれられそうです。

翻訳上の難物は as の clause で、接続詞の as は、理由や譲歩を示すときにはさして問題はありませんが、時を示すときには、状況次第でさまざまなくふうを要します。時を示すからといって、ただ「〜したとき」とすればすむものではありません。基本的には、同時性が強いということをいつも念頭においておかなければいけないでしょう。それについて詳しくは後述するとして（251ページ）、この場合は、次の文章とのつながりを考え、as 以下をあとに持っていく方が賢明と思います。

日本語で「おお」という感嘆詞を使う人がいたら、この人、頭がちょっとおかしいんじゃないかと誰でも思うでしょうが、その「おお」が翻訳文学——特に古いもの——にはよく出てきます。「おお、可哀想な女よ」といった調子で。おかしいと言われてから、ああそうだと気がつくのではおそい。

「しかし」を女性に言わせるのも妙なものです。代議士やウーマン・リブ（男女同権論）の闘士でなければ、こんな言葉は使いませんね。「だが」はなおさらおかしいのに、これも翻訳作品にはよく見かけます。とにかく、会話文は年齢・性別・身分をいつも忘れないこと。

lights の on と off については212ページを参照。

> 芝居は11時半までかかったので、夫妻が暗い道を帰ってきたのはもう真夜中近かった。
>
> 「すてきな晩だったわねえ」。
>
> 「ほんとに」。ちょうど車は、ふたりの住まいのある通りへ曲がったところだった。
>
> 「あれ、あの家、明かりが全部ついているぞ」。
>
> 「あらいやだ。うちじゃないの」。
>
> 「消してくるのを忘れたんじゃないのか？」
>
> 「いぃえぇ――でもへんよ。窓が一つあけっぱなしだわ」。
>
> 「なんだって――あれ、玄関もだよ」。

as he turned the car を車を主体に訳してみましたが、原文どおりに he を主体にすることも一向かまいません。

There's a house ... を「あの家は……」としたのも同じことで、厳密にいえばちがっているようですが、「あそこに家がある。その家は明かりが全部つけっぱなしだ」という対象把握からすれば、「あの家は……」もこの際成り立つでしょう。

臨機応変、さまざまなくふう

Mr. Green stopped the car and they got out. A policeman was standing in front of the house.

"Are you Mr. Green, sir?" he said.

"Yes, I am. But what ...?"

"I'm sorry to tell you that burglars have broken into your house this evening. A neighbor of yours called us an hour ago."

When Mr. and Mrs. Green went into the house, they found the burglars had scattered everything, and stolen Mrs. Green's jewels out of her jewel-case. How surprised they were!

The policeman took a piece of paper out of his pocket and showed it to Mr. Green. "Does this mean anything to you, sir? I found it on the table in the living room."

Mr. Green read the letter aloud: "You can't guess who sent you the tickets, can you?" He looked at the policeman in surprise. "Now I understand. I've heard of such tricks before, but I never thought it could happen in our own house. Please sit down, officer. I'll tell you how it happened."

Ernst Klett Verlag for "The Mysterious Letter"

from *Learning English* by Siegfried Müller.

グリーン氏は車を止め、彼らは外に出た。ひとりの巡査が家の前に立っていた。

「あなたはグリーンさんですか」と彼は言った。

「はい、そうです。しかし、何か……」。

「お気の毒ながら、夜盗が今晩あなたの家に押し入りました。あなたの隣人のひとりが１時間前に私たちに電話をしました」。

グリーン氏とグリーン夫人が家の中へ入ったとき、彼らは夜盗がすべてのものをばらまき、グリーン夫人の宝石を彼女の宝石箱から盗んでいるのを発見した。彼らはなんと驚いたことか。

その巡査はポケットから１枚の紙を出し、それをグリーン氏に示した。「これはあなたに何かを意味しますか。私はこれを居間のテーブルの上で発見しました」。

グリーン氏はその手紙を大声で読んだ。「あなたは誰が切符を送ったか推測できませんでしたね」。彼は驚いて巡査を見た。「今、私はわかりました。私はこのような策略を以前にきいたことがありますが、それが私たち自身の家に起こり得るとは決して思いませんでした。どうぞおすわり下さい、おまわりさん。私は、それがどのように起こったかお話ししましょう」。

今までに出てきたいろいろな注意事項——代名詞、会話らしさ、などに目を向けて、もう一度これを修正してみます。最後に「大声で」とあるのは「声に出して」のまちがい。「夜盗」は教科書の注に書かれている訳で、「どろぼう」で結構。それから、非常によく見かける悪訳の例。「グリーン氏とグリーン夫人が……したとき、彼らは……」では、このふたりと彼らが別の人間の感じになってしまいます。

グリーン氏が車を止めて外に出ると、家の前に巡査が立っていた。
「グリーンさんですね」。
「ええ、そうですが、何か？」
「いえね、お宅に今晩どろぼうが入りましてね。隣の方から署に電話があったのが１時間前です」。
夫妻が中へ入ると、どろぼうのしわざで何もかもぶちまけられ、夫人の宝石箱から宝石が盗まれていた。それを見たふたりの驚き！
巡査はポケットから紙切れを出してグリーン氏に見せた。「これ、何か意味があるんでしょうかねえ。居間のテーブルの上にあったんですが」。
グリーン氏は声に出して読んだ。「送り主が誰だかわかりませんでしたね」。グリーン氏は驚いて巡査を見やった。「やっと わかった。こんな手もあると話には聞いていましたが、まさか自分の家でやられるとはねえ。まあ、どうぞおすわり下さい。ことの次第をお話ししましょう」。

参考のために注釈をつけますと——

巡査が "I'm sorry to tell you that ..." と言っているのを、そのとおり「お気の毒ながら……」と訳す必要は必ずしもないと思います。習慣ないしはきまり文句のようなもので、正直に訳したために、外国の巡査はずいぶんていねいで礼儀正しいという強い印象を与えては、かえって妙なことになりかねません。相手の名前を呼ぶのに sir を使っているのも同じこと。

... they found the burglars had scattered ... の found をここでも訳していません。そのかわりに How surprised they were! の方に、「それを見たときの」とつけ加えたのは、一つのくふうです。

紙切れに書かれた言葉も、手紙の文句と同じく訳し方はさまざまです。前に触れたユーモア調をとるならば、「私は誰でしょう」に対して、「残念でした。はずれです」というのは、いかが。

I never thought it could happen in our own house.——「自分の家でやられるとはねえ」だけで「〜とは思わなかった」を省略したのは、詠嘆を強めたもの。

how it happened を「ことの次第」とするのは、翻訳の常用手段。こんなふうにクローズを簡単な1語にまとめてしまうことはよくあります。この話に出てきた who sent you the tickets →「送り主」もそうですし、ほかに、たとえば the house in which he lives は「彼の住まい」で十分でしょう。

最後に、このまぬけな主人公の名前 Green は、形容詞として「未熟、うぶ」という意味があることも心得ておいて下さい。まさしくその名にふさわしい人物ということですが、残念ながらそこまで翻訳で表現するのは不可能です。しかし、名前が話の内容というか、雰囲気に大きな関係を持っていることがしばしばあるのは要注意。日本語でもたとえば大藪《おおやぶ》という名前の医者が登場する話は、読まないうちからユーモラスなものと見当がつくでしょう。かりにその話の外国語訳が妙に深刻ぶった言葉づかいなら、こまかい検討をするまでもなく落第とみてよろしい。

場面に身を置く

Hard to Please

Mrs. Bramble, a large woman of about forty-five, stood in her room looking at her fifty-three dresses. She was going to a party, and could not decide which to wear.

" Everyone's seen them all," she thought angrily. " I have no clothes." She found her bag and walked out of the house.

およそ45歳の大きな女性であるブランブル夫人が、彼女の部屋で、53着のドレスを見ながら立っていた。

彼女はパーティに行くところで、どれを着るべきかきめることができなかった。
「誰もみなこれらのすべてを見たことがある」と、彼女は腹を立てて思った。「私は服を持っていない」。彼女はバッグを見つけて家から歩いて出て行った。

please（どうぞ）は副詞として使われていますが、もともとは動詞で、ていねいに言えば if you please（およろしければ）であることからもそれとわかります。ところが、if you please という形から please を「喜ぶ」を意味する自動詞だとつい思う人が多いんじゃないでしょうか。実はそうではありません。if you please もある意味で簡単に縮めた形で、ほんとうは if it pleases you、直訳すると「もしそれがあなたを喜ばせるならば」という表現なのです。つまり please は「喜ばせる」という意味の他動詞です（ちなみにフランス語もイタリア語も同じ言い回しを使う）。

したがって hard to please は「喜ばせるのがむずかしい」、逆に（自動詞的に）言えば「なかなか喜ばない、うれしいと思わない」、つまり「気むずかしい」ということになります。

Mrs. Bramble, a large woman〜――いわゆる同格ですが、同格だからといって「〜である〜」とうしろからひっくりかえったり、「〜、すなわち〜」とつなげたりしなければならないものではありません。どんな形にせよ、二つが同じものであることが読みとれれば結構。

最初のパラグラフは、この話の状況を提示するつもりで、現在形で訳してもいいでしょうね。

「誰もみなこれらのすべて〜」では、あまりにも言い方がおかしいから、なんとかうまい方法を考えなければいけない。

I have no clothes. はもちろんそのあとに to wear を補って考えるべきところで、日本語で「私は服を持っていない」は、冗談にしても度が過ぎます。

She found her bag … こういう場合、日本語で「見つけて」とは言いません。さあ出かけようと思ったが、出かけるにはハンドバッグがいる。ええとどこにおいたかなと、あちこちさがす。ああ、あった、ここだ。そして出かける――こういう状況ですから、find は「発見する」よりも「さがし出す」の語感が強いでしょう。

walk out of …――ことさらに「歩いて外に出る」と言うまでもありません。「外に出る」だけで、特にことわらない限り、歩いていると受けとれます。

気むずかし屋

ブランブル夫人は、年のころ 45 の大柄な女性。自分の部屋で 53 着もあるドレスを眺めている。パーティに行くところで、どれを着ようか決めかねているのだ。

「みんなが前に見たものばっかり」そう思うとむしゃくしゃしてきた。「着られるものなんかありゃしない」。夫人はバッグをさがし出して外へ出て行った。

カタカナ語はどうする？

In the window of Bentock's big store she saw an unusual blue dress with white squares on it. She stopped to look at it more carefully, decided that she liked it, and went in. She said to a girl in the shop, " Please show it to me."

ベントックの大きな店の窓の中に、彼女は、白い四角のついた青い珍しいドレスを見た。彼女はそれをもっと注意深く見るために立ち止まり、それが好きだときめて、中へはいった。彼女は店の女の子に言った。「それを私に見せて下さい」。

window はもちろん「ショー・ウィンドー」で、「ウィンドー」とも言いならわされているからそれでも結構です。「窓」といえばまったくちがうものになります。「ご飯」のことをわざわざ気取って「ライス」というのはバカげていますが、こんなふうにカタカナと本来の日本語とで意味が変わってくるのは、むしろ日本語の特異で便利な能力と考えるべきでしょう。しかし、同時に、翻訳者はカタカナの使用に慎重でなければいけません。よく翻訳書を読んでいると、漢字の横にカタカナでルビをふった言葉が出てきますが、これはおおむね感心できないと言ってよろしい。十分に熟した外来語ならカタカナだけで結構。熟していないなら使うべきではない。ただ、特別な言葉の遊び（しゃれなど）を示すためなら——それも日本語だけでなんとかくふうするのがほんとうですが——やむをえません。たとえば、言葉遊びの宝庫といえる『不思議の国のアリス』に、ねずみの話《テール》と尻尾《テール》をひっかけたしゃれが出てきますが、これを日本語でしゃれる手段が見つからなければ「テール」とルビをふるほかないでしょう。しかし、有能な翻訳者は「ねずみのお話」というようなくふうをするものです。

次。「白い四角のついた青いドレス」では、前垂れでもついているのかと思う。いうまでもなく「青地に白い四角の模様」です。

stop to look ～ は「～を見るために立ち止まる」で、stop looking は「見るのをやめる」と教科書の注にも書いてありますが、前者を「見るために」とはっきり目的の用法に訳さなければならないものでもありません。

「好きだときめて」は日本語としておかしい。こういうところは好きだ、こういうところはきらいだ、といろいろはかりにかけて、その結果「好き」の方にはかりが傾いたのが、[she] decided that she liked it でしょうが、その状況に合う日本語を考えればいい。「これならいいと思った、まずまず気に入った」でどうですか。

ベントックの店のウィンドーに、青地に白い四角の模様の変わったドレスが出ているのが目についた。立ち止まってなおよくしらべると、なかなかよさそうなので、中へはいり、店の女の子に言った。「あのドレス、見せてちょうだいな」。

自然なせりふに

The girl got the dress out of the window. Mrs. Bramble looked at it carefully, then tried it on. She stood in front of the mirror and looked at herself for a time. Then she said, " This dress makes me look like an old woman. I don't think it's suitable for me. What other dresses can you show me? I really must find one."

女の子はそのドレスをウィンドーから出した。ブランブル夫人はそれを注意深く見、それからためしに着てみた。彼女は鏡の前に立ち、しばらくの間自分を眺めた。それから彼女は言った。「このドレスは私を老婦人のように見せます。私はそれが私に合うとは思いません。あなたはほかのどんなドレスを見せることができますか。私はほんとうに一つ見つけなければなりません」。

girl にもいろいろあって、いつでも「女の子」ですませるわけにはいきません。年からして若い女とは限らず、かつて girl が何歳の女性まで使われているか、文学作品をくわしく調べた奇特な人がいたそうです。そして、地位、身分も、恋人のこともあれば、店員、女優のこともあり、場合に応じて訳語を変えるぐらいの努力はしてください。

tried it on の on に注意。「身に着けている」という意味です。on については、あとで詳しく説明します（215ページ）。

This dress makes me look ...――この無生物主語の使役形をそのまま翻訳するのはとてもむり。それが使えるのは、よほど硬い文章であるとか、特殊な効果を求める場合に限ります。ふだんの会話で、とりわけ女性が、こんな言い方をするはずがありません。ここでは「（こんなものを着ると）私は……のように見える」と主語を変える必要があるでしょう。

とにかくここは、金持ちの中年女性と女の売り子のやりとりであることを頭に入れて、それらしい言葉を語らせるのが大切です。

> 売り子が出してきたそのドレスを、ブランブル夫人はあちこちひっくり返して見てから、試着してみた。鏡の前に立ってしばらく自分の姿を眺めていたが、やがて言うには、「なんだかおばあさんみたい。私には似合わないわ。ほかのを何か見せて下さらない？　どうしても一つほしいのよ」。

日本語の文末は単調になりがちで、もの書きはその点にずいぶん気を配るのですが、特に翻訳では、単調さを避けるために、原文の punctuation はおろか、構造まで変えることがよくあります。ここではそれを特に誇張して出してみましたが、もちろん一つのこころみにすぎず、こういうことも可能なのだと思っておいてください。「売り子はドレスを出してきた。ブランブル夫人はそれを〜」を、まるで関係代名詞がはいっているかのようにつなげてしまう。She ... looked at herself for a time. Then ... も「……いたが、やがて……」と、ピリオドを無視する。いつも言うように、そういうことにはこだわらないでもよろしい。大きく全体をとらえることが大切です(もちろん、大きくとらえた結果、ピリオドなどにもこだわらなければならないこともあります)。

I really must find one.——find に「ほしい」という意味は辞書には出ていません。しかし、これも状況を考えるからこそ出てくる訳語です。

日本語に間接話法はそぐわない

" Perhaps Madam would like to try another colour," said the girl. " Here's a red one. It may suit Madam very well."

Mrs. Bramble tried on the red dress but decided that it made her look like a fire-engine. The girl brought a dark grey dress with fur round the collar, but Mrs. Bramble said that she did not want to look like a wild animal. She would not try on a yellow dress with small red spots on it. She said that any doctor who saw it would think that spotted fever had broken out in the town.

from *True or Not* by G.C. Thornley,
Longman Group Limited.

「多分奥さまはほかの色をためすことをお好みになるでしょう」と女の子は言った。「ここに赤いドレスがあります。それは奥さまにとても似合うかもしれません」。

ブランブル夫人は、その赤いドレスを着てみたが、それが彼女を消防車のように見せるときめた。女の子は、えりの回りに毛皮のついた濃いグレーのドレスを持ってきたが、ブランブル夫人は、野獣のように見えたくはないと言った。彼女は、上に赤い小さな斑点のついた黄色いドレスを着てみようとしなかった。彼女は、それを見たどんな医者も、発疹チフスが町に発生したと考えるだろうと言った。

またカタカナ語の問題ですが、「ウィンドー」と「窓」のように、本来の日本語と意味のちがう外来語は使わざるをえませんし、そうでなくても、完全に熟して常用されている言葉なら大いばりで使っていいと思います。「ドレス」はそのたぐいです。それなら「グレー」はどうか。「灰色」というれっきとした日本語はありますが、「灰色にくすんだ空」というように、むしろ「灰色」の方が特殊化されていて、特に生地の色を表現するときには、「灰色」を使う人はおそらくひとりもいないでしょう。しかし、逆に、「赤」を「レッド」と言い慣らわしている人はまずいそうにない。一般的に（ファッションの世界は別として）、「青」と「ブルー」は勢力伯仲、「緑」と「グリーン」もそんな感じでしょうかね。小さな坊やが、「あっ、緑の車が走っている」と言ったのを、そばにいた若いお母さんが、「いいえ、あれはグリーンよ」とたしなめていましたが、緑とグリーンをちがうものと意識する人がいるのには驚きました。この人はちょっと異常なのだろうとは思いますが……。

「それが彼女を消防車のように見せるときめた」——無生物主語と「きめた」（decided）については、すでに述べたとおりです。

このパラグラフで最大の問題は、直接話法と間接話法です。英語には二つの話法があり、その変換の方法が複雑で高校生の悩みのタネになっています。おそらく誰でもおぼえがあるでしょう。たとえば、

He said to me, "I am older than you."
↓
He told me that he was older than I.

のように、代名詞を変え、動詞を変え、時制を変え、実に

面倒な手続きが必要です。英語は固くきびしい構造を持っているから、それが必要なのであって、そのためにまた誤解も生じなくなっています。ところでこの二つの例文を日本語に翻訳すると、

彼は私に言いました。「私はあなたより年上です」。
彼は私に、彼が私より年上であると言いました。

いずれも意味はりっぱに通じますが、自然さを考えると、前者の方がはるかに上です。そして、実際問題として私たちは間接話法——いや、そんな話法があるわけじゃありませんが、とにかく間接話法的な言い方を普通はしません。引用符もなにも抜きで、地の文あるいは話の中にどんどん直接話法をくみこんでしまう。

あの人ったら、ぼくの方があなたより年上だ、なんて言うのよ。
彼は私に自分の方が年上だと言った。

これを見るとわかるとおり、代名詞を省略しても平気だというところが、文の伝達の場合、日本語の大きな強みになっています。「彼は私に自分の方が年上だと言った」だけで、誰よりも年上かは言わないでもわかるのです。そして「ぼくの方があなたより年上だ、なんて言うのよ」は女性語ですから、「ぼく」が話者をさすことはありません。逆に、英語の間接話法をそのままの形で日本語にすると、ひどくわかりにくい、また、こっけいな文章になってしまう。

He asked her if she loved him.
彼は彼女に、彼女は彼を愛しているかどうかたずねた。

あとでまた練習することになりますが、とりあえずここでは、間接話法も直接話法風に訳してもかまわないし、時にはそれでなければいけないことだけ言っておきます。

もう一つは、any doctor who saw it would think … のところ。まず翻訳上のポイントは関係代名詞でしょう。

関係代名詞は外国語にはあるのに日本語にはないということからして、翻訳が一筋縄ではいかないのは目に見えているわけですが、基本的には次のことを忘れないでいただきたい。それは──関係文は二つの命題を一つにつなげたもので、翻訳にあたっては、その二つのことを何らかの形で、自然な日本語に表現すればよろしい、ということ。これまた章を改めてとりあげなければなりませんが、今の例でいうなら、

Any doctor would think …
He saw it.

この二つをなんとかすればいいわけで、必ずしも「それを見たどんな医者も……」でなければならないものではありません。「医者がそれを見たら、きっと……と思う」でも、りっぱに二つのことが言えています。

「ちがう色のを着てごらんになれば、よろしいんじゃございません？　この赤のドレスなど、よくお似合いと思いますよ」。
ブランブル夫人は試着してみたが、これじゃまるで消防自動車だと思った。売り子は、えりに毛皮のついた濃いグレーのドレスを持ってきたが、夫人は、けだものみたいに見えるからいやだと言う。黄色の地に赤い小さな水玉模様のは、着てみようともしない。お医者さんがみたら、町に発疹チフスが発生したと思うじゃない、と言うのだ。

ダッシュの処理

The Count and the Wedding Guest

“It’s a fine, clear evening, Miss Conway,” he said.
“It is to them with the heart to enjoy it, Mr. Donovan,” said Miss Conway with a sigh.
“I hope no one — no one of your family — has died?”
“Death has taken,” said Miss Conway, “not one of my family, but one who — I must not speak of my troubles to you, Mr. Donovan.”
“Why not, Miss Conway? Perhaps I could understand.”

「すてきな澄みきった晩ですね、コンウェーさん」と彼は言った。
「それを楽しむ心を持った人にはそうです、ドノヴァンさん」とミス・コンウェーはため息とともに言った。
「私は誰も――あなたの家族の誰も――亡くなったのではないことを望みます」。
「死は」とミス・コンウェーは言った、「私の家族ではなく、ひとりの……をうばいました。――私は私の悩みをあなたに語ってはいけません、ドノヴァンさん」。
「なぜいけないのですか、コンウェーさん。多分私ならわかるでしょう」。

恋人をつかまえようと、わざと喪服を着てうれいをたたえているミス・コンウェーと、一目ぼれしたミスター・ドノヴァン。同じ下宿に住む男女の会話であることをまず念頭において、それらしくロマンティックなものに仕立てなければならないことはもちろんとして、せりふの途中で出てくるダッシュをどうするかです。
第1の「誰も――あなたの家族の誰も――」には、根本的な欠陥はありませんが、第2の「私の家族ではなく、ひとりの……を」はだめです。現実の会話で「ひとりの」と言いかけて、少し休んでから「を」と始めることはありえません。せりふであるからには、連続性が切れたら困る。

原文を見ると、but one who と言いかけてふと思い直し、あとをつづけるのをやめたのです。だから、日本語もそれと同じ形にしないとまずい。そのために公式的な訳からはかなりずれることになります。

また、たとえせりふではなくても、ダッシュあるいはかっこで挿入句をいれる場合、妙につっかかったり、発音不能におちいったりしないような配慮はやはりすべきだと思います。「ドノヴァン氏は、ミス・コンウェー――そのとき彼女は黒い喪服に身を包んでいたが――に一目ぼれしたのだった」。こんな文章を書くのはよくないということです。「が――に」のところで舌がもつれます。

ある晴れた夜に

「晴れた、すてきな晩じゃありませんか、コンウェーさん」。

「楽しめる気分でいられる方にはそうでしょうけれど」、ミス・コンウェーは、ほっとため息をもらした。

「まさかどなたか――ご家族のどなたか――お亡くなりになったんじゃないでしょうね」。

「死神に連れ去られたのは家族ではございませんの。私の――あら、こんな悩みごとをお話してはいけませんわね、ドノヴァンさん」。

「いいじゃありませんか。私ならきっとわかってさしあげられますよ」。

原文は O. ヘンリーの短編の脚色ですが、この場面だけとらえて、タイトルを「ある晴れた夜に」としました。言うまでもなくオペラ「蝶々夫人」の超有名なアリア「ある晴れた日に」のもじりです。

この種の会話はもっと自由にやってもいいかもしれません。It is to them with the heart to enjoy it, など、自分はそのすてきな夜の雰囲気を楽しむ気分にはない、という勘どころさえ押さえれば、どんな形のせりふになってもかまわないと思います。‘I love you.’ という簡単なせりふを、日本語になんと訳すべきか。ひょっとすると最高にむずかしい問題のひとつです。「今夜は月がきれいですね」にしようかと言った人がいますが、それは昔の話。今はもっと即物的にやらないと通じないでしょう。

状況把握の不足は致命的

Miss Conway smiled a little smile. And oh, her face was sadder than when she was not smiling.

“ Laugh, and the world laughs with you,” she said. “ But the world is not interested in sadness. I have learned that, Mr. Donovan. I have no friends in this city. But you have been kind to me. Thank you for it.”

He had done nothing except offer her the salt at dinner.

Ballentine Books, Inc. for “ The Count and the

Wedding Guest" by O. Henry from *O. Henry's American Scenes* adapted by Elinor Chamberlain.

ミス・コンウェーは少しほほえんだ。そして、おお、彼女の顔は、彼女がほほえんでいない時よりも悲しげだった。

「笑いなさい。そうすれば世間はあなたと一緒に笑いますよ」と彼女は言った。「けれども世間は悲しみには興味がありません。私はそのことを学びました、ドノヴァンさん。私はこの町に友だちを持っていません。けれどもあなたは私に親切でした。それに対して感謝します」。

彼は夕食のとき彼女に食塩をさし出す以外何もしなかった。

前にせりふに感嘆詞「おお」がはいるのはおかしいことは言いましたが、せりふでなくともおかしいことに変わりはありません。ここの And oh ... は作者が読者を念頭におきながら、読者に語りかけるつもりで言っているのか、ひとりで感心しているのか、いずれにせよ、地の文ではなくむしろ作者自身のせりふだと見ることもできます。そして、ミス・コンウェーの芝居を、作者も皮肉な目で眺めていると考えられるので、そのへんから oh に対する訳語をえらべばいいでしょう。

「笑いなさい……」のところは、字づらの意味は合っているものの、ミス・コンウェーの言おうとしていることがよくつかめていないようです。そのあらわれが「あなた」という代名詞で、これではドノヴァン氏をさすものと受けとられる。これは決してドノヴァン氏に向かって「笑え」と命令しているわけではないのです。you は不特定で、誰でもかまわないある人間をさしています。つまり、笑っていれば世間の人たちも一緒になって笑ってくれる、ということ。それに反し、悲しんでいれば、あるいは悲しみには、誰もとり合ってくれない、というのが次の文です。こういうせりふでミス・コンウェーは、自分の悲しみと同時に、世間の同情がないさびしさを浮き彫りにし、つづいてドノヴァン氏に対する感謝へと状況をもりあげていきます。その動きをしっかりつかまなければ、いい訳ができるはずがありません。

その状況把握の不足が最後の文にも出てきました。「彼は夕食のとき彼女に食塩をさし出す以外何もしなかった」では、ほんとうの意味がよくわかりません。ミス・コンウェーからお礼を言われたのに、そのあとの食事で食塩を渡しただけ……おかしいじゃないかと思われかねないでしょう。原文の He had done ... と過去完了になっているのがかんじんなポイントで、夕食はこの会話の前にあったこと。つまり、ミス・コンウェーが「ご親切ありがとうございました」と言ったけれども、別にドノヴァン氏は親切に何かしてあげたわけではなかった、という説明です。それがくみとれない訳は落第というほかありません。

ミス・コンウェーはちらとほほえんだ。なんとなんと、彼女の顔はふだんにもまして悲しげになった。

「笑っているときには、世間も一緒になって笑ってくれますけれど、悲しんでいる人間には見向きもしません。そうなんですの、身にしみましたわ。この町にはひとりも友だちがおりません。でも、ドノヴァンさんにはご親切にしていただいて、ほんとにありがとうございます」。

といっても、ドノヴァン氏は別に何をしたわけでもない。夕食の席で食塩をとってあげただけだったのだ。

自分だけわかっていてもだめ

Democracy Means Differences of Opinion

People disagree about all sorts of things. They argue about the weather. Some want it warm, others like it cool. One says the sun will shine tomorrow, another is sure it will rain. Or your friends may think that a certain movie star is wonderful but you don't like her at all. When your team gets ready to elect a captain, some of the members are in favor of one boy and all the rest want somebody else.

人びとはあらゆる種類のことについて意見が一致しない。彼らは天気について議論する。ある者は暖かいことを望み、他の者は涼しいのを好む。ひとりはあした日が照ると言い、もうひとりは雨が降ると確信する。あるいは、あなたの友だちはある映画女優がすばらしいと考えるかもしれないが、あなたはちっとも彼女が好きではない。あなたのチームが主将を選挙する用意ができているとき、部員のある者はひとりの少年に賛成し、残りの者はみなほかの誰かを望む。

翻訳もものを書いて、相手に何かを伝達するいとなみにちがいないのですから、ただ書けばいい、書きっぱなしであとは野となれ山となれ、ですむものではなくて、できるだけ相手にアピールする言葉をえらび、相手を説得できる文章をつくらなければならないことはいうまでもありません。

そのつもりでこの訳文を見ると、もう一つピンとこないことが多いですね。

最初に「人びと」とあるのは、どういう、あるいはどこの人なのか。「人びとはあらゆる種類のことについて意見が一致しない」――このポイントは、「人びと」にあるのか、「あらゆる種類のこと」つまり「種類の多さ」にあるのか、それとも「意見の不一致」にあるのか。

「彼らは天気について議論する」――ここでも、ポイントが「彼ら」なのか「天気」なのか「議論する」なのか、はっきりしません。つまり、何を主張しようとしているのか、何を訴えようとしているのか、こちらにうまく伝わってこないのです。訳者にはわかっているのかもしれませんが、訳者が自分だけわかっていてもしょうがない。それを読む人にもわからせるのが、翻訳という仕事の意味なのですから。何を言おうとしているのかわからないから、「彼ら〔つまり、人びと〕は天気について議論する」と書かれているのを見ると、「いや、ぼくは天気の議論なぞしないよ」と反対したくなります。

「あなたの友だち」のあなたとはいったい誰なのか。いきなり「あなた」という言葉が出てくると面くらいます。むしろ、非人称にするべきでしょう。

「主将を選挙する用意ができている」とありますが、「用意」とはいったい何か。投票用紙を配ったり、選挙管理者をおいたりすることですか。ready はたしかに訳しにくい言葉です。「用意ができている」のほかに、「覚悟がついている」「進んで～する」「今にも～する」というような訳語が辞書に出ています。ここでは、概念としては最後のものがあたるでしょう。

民主主義――意見の相違があればこそ

人間は何ごとにつけ意見が一致しないものである。天気も言い合いのタネになる。暖かいのがいいと言う人がいるかと思うと、いや涼しい方がいいと言う人もいる。ひとりがあしたは天気だと言えば、別のひとりが、いやきっと雨だと言う。あるいは、友だちはこの女優が好きだと思っているのに、自分はちっとも好きじゃない、ということもある。チームのキャプテンをえらぼうという段になると、一部の部員がある人を支持するのに、ほかの部員はみな別の候補を望む、といった具合だ。

受動態と関係文

The Republicans insist that they know how to solve all of the country's problems and that their candidate must be elected. The Democrats are just as sure that they know what ought to be done and they urge everybody to vote for their candidate. There are several more parties with their candidates who claim that they could run the country better than either the Republicans or the Democrats.

Before Election Day comes around, the people of the country have a chance to listen to all the arguments and choose the candidate for whom they want to vote.

共和党員は、彼らが国の問題をすべて解決する方法を知っていて、彼らの候補者がえらばれなければならないと主張する。民主党員は、彼らが何がなされるべきかを知っていると、ちょうど同じくらい確信していて、すべての人に彼らの候補者に投票することをうながす。共和党員あるいは民主党員よりもよく国を治めることができると主張する候補者を持つ、さらにいくつかの政党がある。
　選挙日がめぐってくる前に、国民は、すべての議論を聞く機会を持ち、その人のために投票したいと思う候補者をえらぶ。

　このパラグラフには受動態が二つ出てきますが、英語の能動態が日本語の能動態、英語の受動態が日本語の受動態にならないことは、たとえば to be satisfied →「満足している」でも明らかです。この場合は日本語の受身がないから当然ですが（「満足させられる」は意味ないし状況がちがう）、両方理屈の上では可能であっても、表現として不自然で受身が使われないという場合もあります。たとえば物を主語とした受身がそれで、

　　得点が与えられる

はおかしくありませんが

　　英語が教えられる

は、具合が悪いでしょう。何がよくて何がよくないかは、そのときどきで判断するほかないと思います。

ここで、「彼らの候補者がえらばれなければならない」、「何がなされるべきかを知っている」は、いずれもあまりよくありません。能動の形に直すべきです。

一般論として、受動態を翻訳するときには、受身にするのが適当かどうか考え直す方がいいと言えそうですが、逆に能動態を受身にした方がすっきりする場合もあります。たとえば、

彼はあなたが彼を招待しなかったことをうらんでいる。

というよりも、

彼はあなたに招待されなかったことをうらんでいる。

といった方がよほどスマートでしょう。主節と従属節の主語が同じなので、従属節でそれをくり返さずにすむからです。言いかえると、主節と従属節の主語を一致させることが、訳文をすっきりさせる有力な手段だ、ということになります。もう一つ例をあげれば

As he often tells a lie, people can't trust him.

これを

彼はよくうそをつくから、人びとは彼を信用できない。

とするよりは、

彼はよくうそをつくので、ひとに信用されない。

の方がいいわけです。

それから、翻訳にちょっと手こずる関係文が二つあります。第１は、There are several more parties with their candidates who claim that ... で、定式通りにやればどうしても訳例のように複雑怪奇なものになってしまう。

「共和党員あるいは民主党員よりもよく国を治めることができると主張する候補者を持つ……」が一つの修飾句となって「政党」にかかるからわかりにくいので、日本語を書く場合、このように修飾句を長くすることは禁物です。そうならないようにするには、「政党」をはじめに持ってくるほかないでしょう。そのあとで、候補者について述べればよく、いきおい関係代名詞はあってなきがごときものになってしまいます。ついでながら、「共和党員あるいは民主党員」とするのはあやまり。

次は、... choose the candidate for whom they want to vote. 訳例の「その人のために投票したいと思う候補者」は、だいたい学校ではこんなふうに習うものなのでそれに従っているのですが、日本語として非常にむりな形で、英文和訳の授業でしか通用しません。

そのために彼が死んだ病気
その中で彼がねている部屋

など、すべて同じです。前置詞がついていたり、関係代名

詞が所有格であったりすれば、はなはだ厄介なことが多くて、

The man whose wife is an American can't speak English.

も、英文和訳では、

妻がアメリカ人であるその人は、英語が話せない。

となるでしょう。いかにも妙な日本語です。なぜ妙なことになるかというと、関係文をそのままなんとか日本文に押しこもうとするからで、もともと関係詞のない日本語ではしょせんむり。昔から日本語では、関係詞がないなりに、別の言い方で間に合わせてきているのですから、翻訳にあたっては、その別の言い方を考えなければいけません。前にも言ったように関係文は二つの命題を合わせたもので、その二つを何らかの形で、しかも重点にズレが生じないように、表現すればいい。今の例で、二つの命題は、

The man can't speak English.
His wife is an American.

主として主張したいのは前者。それならば

あの人は、奥さんがアメリカ人だが、英語が話せない。

ということになります。教科書の終わりの復習欄には、別の文例として

That is the boy with whom I often play tennis.

The friend from whom I received the letter is now in New York.

が出ています。今言った注意にもとづいて翻訳すると、第1は、

ぼくが一緒によくテニスをするのはその子だ。

第2は、

私が手紙をもらった～

とすると、わかりにくくなるので、主語を変えて、

私に手紙をくれたその友だちは、今ニューヨークにいる。

でどうでしょう。

そこで問題の箇所に戻りますが、これは for whom にこだわるからいけない。「その人のために」とわざわざ言わなくても「投票する」で十分意は尽くせるのです。そう考えるとこの翻訳は非常に簡単になります。つまり、「投票しようと思う候補者をえらび出す」でいいということ。

共和党員は、自分たちこそ国の問題をすべて解決する方法を知っているから、ぜひわが党の候補をえらんでくれと力説するし、民主党員もそれに劣らず自信たっぷり、なすべきことを知っているのはこちらだ、ついては皆さんわが党の候補に1票を、と述べ立ててやまない。ほかにもいくつか政党があって、それぞれ候補者を立て、共和党よりも、また民主党よりもりっぱに国を動かすことができると主張する。

選挙日がくる前に、全国民はどの政見もすべて聞く機会を与えられ、それによって投票しようと思う候補者をえらび出す。

間接話法を直接話法風に変えたところに気をつけてください。最後の文、「〜聞く機会を与えられ、それによって〜をえらび出す」としましたが、「聞いて、〜をえらび出す機会を与えられる」とも考えられます。「機会を与えられる」という受身は、多少ひっかかりますが、「機会を持つ」はなお具合が悪いし、「機会がある」もしっくりしない。むしろ、「〜することができる」がよかったかもしれません。

名詞構造を動詞構造に

Democracy means differences of opinion. It

means that each person must decide whether he is for or against every important issue and try his best to see that the side he has taken wins, instead of merely following the leader. It means discussion and argument instead of just accepting what somebody else says. It means that instead of having only one thing to do or one way to go, boys and girls and men and women can help to decide on the next play in the game, or the next turn in the road, or the next president of the United States.

民主主義は意見のちがいを意味する。それは、おのおのの人が、あらゆる重要な問題に賛成か反対かをきめ、単にリーダーに従うかわりに彼が支持した側が勝つことをたしかめるよう最善をつくそうと努力することを意味する。それは、ただほかの誰かが言うことをただ受けいれるかわりの、話し合いと議論を意味する。それは、たった一つのなすべきこと、あるいは進むべき道しか持たないかわりに、少年も少女も、男も女も、ゲームの次のプレー、あるいは道の次の曲がり角、あるいは合衆国の次の大統領をきめるのに役立つことを意味する。

Democracy means.... It means... と4回くりかえして出てきますが、「民主主義は〜を意味する。それは〜を意味する」とそのままくりかえすのは、この場合はくどいように思います。演説か何かなら別ですが。とすると、mean に「意味する」以外の訳語もあてなければならないことになります。

Democracy means differences of opinion. ——英語では differences of opinion という名詞表現を使いますが、日本語では単純にそう言いきるよりは、「多様な意見が存在すること」というような動詞構造にする方がいいと思います。It means discussion and argument... も同じで、この場合は、あとが accepting と準動詞になっているので、なおのこと「話し合い、討論する」という形にするのが望ましい。英語ではひんぱんに出てくるものですから、いずれまた触れることになるでしょう。

「少年も少女も、男も女も」と英語をそのままおきかえるかわりに、日本語の一般的な言い方に従ってもかまいません。

see that... を「……をたしかめる」と書いたのは、教科書の注に従ったのですが、あまり適切とはいえません。むしろ、「一生懸命……する、必ず……するように取り計らう」に近いのではないでしょうか。

民主主義とは、さまざまな考え方があることを意味する。各人が、ただ指導者の言いなりになるのではなく、あらゆる重要な問題について賛否いずれか態度をきめ、自分の支持する側が勝つように努力すること、ひとの意見をそのまま受けいれるのではなく、討論と話し合いを重ねること、それが民主主義である。なすべきことがたった一つ、進むべき道がたった一つしかないのではない。老いも若きも、男も女も、次のプレー、次の曲がり角、そして、次の大統領をきめるのに力をそそぐことができる——そこにこそ民主主義がある。

最後のパッセージは少しはしょりました。「ゲームの次のプレー、道の次の曲がり角、合衆国の次の大統領」とするのが、いかにも冗長だからです。英文では the next turn in the road とつける方がリズムがいいと考えられます。しかし、これをとったからといって意味がずれることはありません。曲がり角は道にあるのにきまっています。プレーも同じ。

のびのびした表現に

The Boyhood of Albert Schweitzer

Albert Schweitzer did not find his father's sermons very interesting ; in fact they often made him sleepy. But he enjoyed the music and singing at church.

One thing disappointed him at church. There were no prayers for animals. Being a sensitive child, he had already noticed the needless suffering among animals in the village.

アルバート・シュヴァイツァーは、父の説教をあまりおもしろいとは思わなかった。実際それらはしばしば彼をねむくした。しかし彼は、教会の音楽と歌を楽しんだ。

一つのことが教会で彼を落胆させた。動物のための祈りがなかった。感受性の強い子どもだったので、彼はすでに村の動物たちの間の不必要な苦しみに気づいていた。

in fact や indeed をいつでも「実際」と判で押したように訳すのが初学者の通弊です。ただ「実際」では意味がはっきりしません。場合によって、いろいろなつなぎが考えられますが、それについてはあとで詳述します（227ページ）。

「それらは彼をねむくした」「一つのことが彼を落胆させた」——いずれも無生物主語で、ことに前者はいけません。後者はスタイルによっては使われますが、こういう平易で単純な作品にはおかしい。無生物主語の文が、英語と日本語では受け取り方がまったくちがうのです。

One thing disappointed him.... There were no

prayers ... ——この二つの文章は関連があるので、「……落胆させた。……なかった」という終わり方は、いささかそっけない感じがします。One thing の内容が次のセンテンスであることを、もう少しはっきり出すような文章にする方がいい。

最後の noticed the needless suffering ... が、先ほど解説した名詞的構造にあたります。これも動詞的構造に直すのが順当です。「村の動物が無用の苦しみを受けていること」あるいは「不必要に苦しめられていること」というように。

> **アルバート・シュヴァイツァーの少年時代**
>
> アルバートには、父の説教はあまりおもしろくなかった。実のところ、よくねむくなりもした。しかし、教会の音楽と歌は楽しかった。
>
> 教会では、一つ、がっかりすることがあった。動物のための祈りがなかったのだ。感受性の強い子だけに、彼は、前々から、村の動物が無用の苦しみを受けていることに気づいていた。

またまた名詞を動詞に

> Albert's greatest difficulty at school was not with his teachers but with the other children. They

knew he was the pastor's son and they were the children of workmen, farmers and tradesmen. They disliked him because of his better social position.

　アルバートの学校での最大の困難は、彼の教師とともにではなく、他の子どもたちとともにあった。彼らは、彼が牧師の子どもであり、彼らが労働者、農夫、商人の子どもであることを知っていた。彼らは、彼のよりよい社会的地位のゆえに彼をきらっていた。

　また名詞的構造の例ですが、今度はもう少し複雑なところがあります。

　Albert's ... difficulty was with ～ のもとの形は、Albert was in a difficulty with ～「アルバートは～と困った状況にあった、～とまずい関係にあった」です。そこで翻訳にあたっては、そのもとの形に還元して日本語にすればうまく処理できます。「アルバートが学校でいちばん具合が悪かったのは、先生とではなく、ほかの子どもとの間柄だった」「いちばん困ったのは～との関係である」という具合に。

　because of his better social position. も同じで、これをもとの動詞的構造（節）にもどすと、because he was in a better social position. です。もちろん、こんなふうに英語で節に直すまでもなく、日本語で誰でもできるでしょう。

「彼のよりよい地位」→「彼がよりよい地位にあること」。

アルバートが学校でいちばん困ったのは、先生よりもむしろほかの子どもたちとの間柄だった。ほかの生徒は、アルバートが牧師の子であるのにひきかえ、自分が労働者、農夫、商人の子であることを知っていた。そんなふうにアルバートの方が社会的地位が上だということで、みな彼をきらっていた。

訳語の選択

By imitating the other students in every way he could, Albert did slowly succeed in winning their friendship. But he found he could never become completely like them. Even though he wanted to be equal with them he would not be cruel to any living thing. He could not learn to take part in many of their sports because these caused pain to animals.

彼ができるあらゆる方法で他の生徒を模倣することによって、アルバートは、彼らの友情を得ることに徐々に成功した。しかし、彼は完全に彼らのようにはなれないとわかった。たとえ彼は彼らとひとしくなりたくても、どんな生物に対しても残酷にはならなかった。彼は、彼らのスポーツに、それらが動物に苦痛をもたらす故に、参加することを学べなかった。

ここは翻訳のテクニックよりは、訳語の選択あるいは日本語らしさの問題です。

by 〜ing は「〜することにより」としないでも、ほかにもっと気のきいた言い方がいくらでもあるでしょうし、「彼ができるあらゆる方法で」とは普通の人は言いません。

「成功する」も、いつでも使っていいものではなく、むしろ、使える場合はかなり限定されます。「実験に成功する」「事業に成功する」「人生に成功する」のように、事業とか仕事とか、かなり重大かつ大規模で、根気や技術を必要とするものを完成したり、富や社会的地位を得た場合が「成功」であって、そうでなければ、ことさらに誇張された表現と見ていいでしょう。

ぼくは、ぼくができるあらゆる方法でさがすことによって、この本を見つけるのに成功した。

と書けば、大げさだと思われることまちがいありません。つまり succeed の方が「成功する」よりも領域（守備範囲）が広いということ。これは succeed の対意語 fail についても言えます。fail は単に「失敗する」ではなく「〜できない、〜しそこなう」であるように、succeed も単に

「成功する」ではなく「～できる、～するようになる」です。

would not be cruel の would は、もっとはっきり意志のニュアンスを出さないとピンときません。

He could not learn to take part ... ──まさかスポーツに加わることを習ったり、勉強したりするわけはありません。こういう場合の learn は、「身につける、……するようになる」といえばいいでしょうか。

because は従属接続詞だから従属文として主文の方にかからなければいけない、と考えるのはおろかです。意味の上で従属していればいいので、形の上でどうなろうと、それはかまわない。従属節をあとで訳すことも可能であるのみならず、それが絶対に必要な場合もしばしばあります。その場合、接続詞の訳語が定形とは多少異なっても、これまたかまうことはありません。ここではこころみに、うしろにつけて訳しておきます。

アルバートは、何ごとにつけ、できるだけほかの生徒のやるとおりにまねしているうちに、だんだん友だちづき合いされるようになった。しかし、いくらみなと同じになりたいとは思っても、生き物に残酷な仕打ちをする気はなかった。友だちのやる多くの遊びに加われなかったのは、それが動物に苦痛を与えるものだったからだ。

みだりに、うしろからひっくり返らない

接続詞の訳し方を変えなければならない明らかな例を次にあげます。

> **Enoch Arden**
>
> So they [Enoch and Annie] were married. Presently, God sent them a baby girl — a boy came, too — and seven happy years passed before misfortune befell them.
>
> Then Enoch slipped and broke his leg.

> それで彼らは結婚した。間もなく、神は彼らに女の赤ん坊をおくった——男の子も生まれた——そして、不幸がおそうまでに幸福な7年が過ぎた。
>
> それからイノックはすべって脚を折った。

before が問題の箇所ですが、この訳例のようにすると、事件の流れ、ひいては叙述の流れがまったく崩れてしまいます。結婚し、子どもが生まれ、7年間幸福に暮らしたが、そこで不幸に見まわれた——このようにクライマックスが作られなければなんにもなりません、つまり、misfortune befell them が最後にこなければいけないわけで、before

を従属接続詞だからといって主文にひっくり返るように訳しては、それが達成されないことになります。とすると、before の語義にこだわる必要はない。それが二つの事件の前後関係を示す言葉であること――‘A before B’は、BよりもAが前、言いかえればBがAのあとであることだけに目をつければいいのです。

イノック・アーデン

　ということでふたりは結婚した。やがて女の赤ん坊をさずかり――男の子も生まれ――7年間幸福に暮らしたのだが、そこでとんだ災難が降ってわいた。
　イノックがすべって、脚の骨を折ったのだ。

for に注意

When he told Annie of this plan she felt very sad. Earnestly she begged him to stay with her and three children — for there was a new baby now. But he thought nothing of her fears. He sold his boat, and he bought everything that might be needed for Annie to keep a little shop while he was away, so that she might not be in need of money.

彼がアニーにこの計画を語ったとき、彼女は非常に悲しく感じた。真剣に彼女は彼に、彼女や３人の子どもたちとともにとどまるようにたのんだ——なぜなら今や新しい赤ん坊がいたからである。しかし、彼は、彼女のおそれをなんとも思わなかった。彼は彼の船を売り、アニーがお金に困ることがないように、彼がいない間、小さな店を開いているのに必要となるであろうすべてのものを買った。

まず、ダッシュのあとの for です。ダッシュに気をつけなければいけないことは前に言いましたが、ここはダッシュは別にどうということはありません。しかし for は要注意。訳例は、「〜とどまるようにたのんだ——今や新しい赤ん坊がいたからだ」とあるので、for が「たのんだ」理由を述べているようにしか思えません。うっかりしがちなところですが、これは決してたのんだ理由を述べているのではなく、「３人の子ども」と書いた理由なのです。前に子どもが２人生まれたという話があった。それなのに、今は３人。なぜかというと——それが for の意味です。そして、英文を見るとたしかにそうなっています。... and three children — for .... 日本語では「３人の子ども」が文末にこないので、「なぜなら」との関係が切れてしまう。その関係をもう一度明らかにする必要があるでしょう(for については 264 ページを参照)。

接続詞の問題がここにも出てきました。最後の so that

がそれです。そこからひっくり返って訳そうとするから、「お金に困ることがないように」がはじめにはいって、えんえんと長い修飾句ができてしまう。たびたび言うように、こんな時には、頭の方から順に流していくのがよろしい。

アニーは、この計画を聞くとたいへん悲しくなり、自分や3人の子どもたちと一緒にいてくれと、心からたのみこんだ——3人というのは、新しくもうひとり赤ん坊が生まれていたからである。ところがイノックは、アニーの心配などどこ吹く風。自分の船を売って、アニーが留守中に小さな店をやっていくのに必要なものをすべて買いととのえた。お金に困ることがないように、と考えたのだ。

thought nothing of ... を「どこ吹く風」としておきましたが、「……をなんとも思わなかった」という、教科書の注にある言葉ではなくて、こんな日本語のイディオムを英語からパッと思いつくのも、また、翻訳者に必要な資質の一つです。

またまた関係文について

Then Annie, though she was sad at heart, tried bravely to keep herself and the children. But she knew nothing of shopkeeping, and did not succeed in this business. She waited for news of Enoch which never came, so she grew more and more unhappy.

それからアニーは、心は悲しかったが、勇敢に彼女自身と子どもたちを養っていこうと努力した。しかし、彼女は小売業についてはなにもわからなかった。そしてこの仕事に成功しなかった。彼女は決して来ないイノックのしらせを待ち、それで彼女はますます不幸になった。

bravely を辞書でひけば「勇敢に」と出ていますが、「勇敢に」とは危険を知りながらあえておこなうときに普通使われる言葉で、「臆病」の対意語、ここではふさわしくありません。

shopkeeping も辞書をひけばなるほど「小売業」と書いてありますが、こんなお役所言葉を使うような場ではありません。『イノック・アーデン』は、論文や通達ではなく、物語なのですから、まずそのことを念頭において言葉をえらび文章をつくることです。

その意味からすれば、knew nothing of ... を教科書の注のとおりに「……についてはなにもわからなかった」と訳すのもものたりない。だいたいこれは普通の日本人が口にする言葉にはきこえません。英文和訳語です。

succeed がまた出てきました。前に言ったとおりで、

「仕事に成功する」とはいかにも大げさではないですか。「事業」と書いていないのはまだしもですが、「小売業に成功する」といえば、デパートとかスーパーとか大規模小売業者になるような感じがします。

「決してこないしらせを待つ」は、一読して奇妙に思われますが、おそらく waited for news ... which never came の関係代名詞が、いわゆる限定用法の形になっていることを、忠実に守ったのでしょう。文法書には普通次のような説明があります。

> 関係詞の用法には、先行詞を修飾限定する限定用法と、先行詞について補足的な説明を行なう継続用法の二つがある。
>
> (a) 限定用法の場合は、関係詞の前にコンマがないのがふつうで、訳す場合は、関係詞が導く節をまず訳して、それから先行詞にもどる。
>
> (b) 継続用法の場合は、ふつう、関係詞の前にコンマがあり、訳す場合は先行詞のところでいったん切り、その後で関係詞以下を訳す。
>
> (高梨健吉著『総解英文法』美誠社)

一般的にはそのとおりかもしれませんが、明らかに継続的(非限定的)な関係にあってもコンマがない場合も現実にあるようです。そして、訳すときの注意として、限定は先、継続はあと、という法則があげられているのは、英文和訳ならいざ知らず、翻訳では墨守するに及びません。もちろん、限定、非限定の意味の相違はつかんでの話で、たとえあとから訳しても、限定的な意味が出れば一向にかまわないわけです。継続の場合も同じことが言えます。あとから訳すか先に訳すかは、もっぱら、文の流れ、いきおい、自然さの問題です。たとえば、同じ文法書に出ている次の文

I like a dog which is faithful.
I like a dog, which is faithful.

この訳は

私は忠実な犬が好きだ。
私は犬ならどれでも好きだ。犬は忠実だから。

となっています。しかし、限定、非限定の関係を残しながら、先とあとを逆にすることも可能です。

ぼくは犬が好きだけど、忠実でないとね。
ぼくは、忠実だから、犬がいいな。

そこで問題の箇所ですが、意味の上から言って非限定的にちがいありませんから、コンマがなくても、そのつもりで訳せばいい。来もしない便りを待つわけはありません。便りを待ったけれど、ちっとも来ない、にきまっています。
以上のことを注意して、一応物語らしく翻訳すれば……

そこでアニーは、心に悲しみを抱きながらも、元気

をふりしぼって、自分と子どもたちの暮らしをたてていった。しかし、商売の知識などまるでないこととて、うまく運ぶわけもない。イノックの便りは待てど暮らせど来ないし、不幸はますますつのった。

事実関係をすなおな日本語に

Philip went to her cottage and consoled her as well as he could. Then he gently persuaded her to let him help her by sending the children to school. They were old enough to go, and he said Enoch would certainly be pleased. Annie consented, because she thought Enoch would surely some day come home rich from China, and that he would repay Philip.

フィリップは彼女の小屋へ行って、できるだけ彼女をなぐさめた。それから彼は、子どもたちを学校へやることによって彼に彼女を助けさせるよう、彼女をやさしく説得した。彼らは行くのに十分なほどの年になっていて、彼は、きっとイノックは喜ぶだろうと言った。アニーは、イノックがたしかにシナから金持ちになって帰国し、フィリップに返済するだろうと考えたので、同意した。

he ... persuaded her to let him help her by sending ... は、まともにやろうとすると骨が折れるし、このとおり妙な文章になります。代名詞の処置もまたむずかしい。そこでまず、前に述べたように間接話法を直接話法的な形に直します。そして、フィリップはアニーを援助したい、そのために子どもたちを自分の負担で学校に行かせようと思っている、という事実関係をつかんで訳文をつくるわけです。

ついでに、They were old enough to go もフィリップの言った言葉にしてしまえば、仕事が楽にいきます。事実そう解釈していいところでしょう。

Annie consented, because ... ——理由を先に書くとひどく長くなりますから、例によってあとへ持って行くこと。

> フィリップはアニーの小屋へ出かけ、心をつくして彼女をなぐさめた。そして、ぜひ自分に援助させてくれ、ついては子どもたちを学校へ行かせようと思うがどうだろう、もうその年になっているのだし、イノックもきっと喜ぶにちがいないから、とやさしく説ききかせた。アニーは承知した。いつの日か夫は必ずシナから錦を飾って帰り、フィリップにお金を返してくれるだろうと考えたのだ。

「錦を飾って」と言う必要はないかもしれませんが、翻訳をするにもそれくらいの遊びはやりたいものです。

ところで、イノック・アーデンの物語のつづきですが、てっきり死んだと思われていたイノックは、実は難破したものの生きていてほかの船に乗せられて故郷にたどりつき、アニーがフィリップと結婚したことを宿の未亡人のおかみから聞かされます。そして、フィリップの家の窓から中をのぞくと、幸福そうな家族の様子が見える。その次のパラグラフ、物語の結末を英文和訳、翻訳して、この章を終わることにします。

Enoch Arden groaned and crept away. He prayed to God to give him strength, and he made up his mind never to spoil their happiness and take them back to his bitter poverty by letting them know of his return.

For one year more he lived, working as a carpenter and doing odd jobs about the village. No one knew him, he was so much changed. Then when he felt that he was dying he told his story to the widow, having made her promise to keep the secret until he was dead. To Annie he sent the little curl he had always kept on him, that she might be sure it was really he.

Raphael Tuck & Sons, Ltd. for " Enoch Arden " from *Children's Stories from Tennyson* by Nora Chesson.

イノック・アーデンは、うめいてそっと立ち去った。彼は神に力を与えてくれるよう祈り、彼らに彼の帰郷を知らせることによって、彼らの幸福をだめにし、彼らを彼のにがい貧乏に連れもどさないように決心した。
もう1年、彼は大工として働き、村の近辺ではんぱな仕事をしながら、生きた。誰も彼を知らなかった。彼はそれほど変わっていた。それから、彼は死にかけていると感じたとき、未亡人に彼が死ぬまで秘密を守ることを約束させてから、彼の物語を話した。アニーに、彼は、それがほんとうに彼であると彼女がたしかに思うように、常に彼の身につけていた小さな巻毛を送った。

イノックは苦しいうめきを洩らしながら、そっと立ち去った。力を与えたまえと神に祈り、自分の帰りを知らせたら、みなの幸福は台なしになり、またきびしい貧乏な生活に戻らなければならなくなるから、絶対にそういうことはすまいと心に誓った。
さらに1年、彼は大工として村のはんぱ仕事をしながら生活した。誰も彼をイノックと知る者はいなかった。それほど変わり果てていたのだ。やがて死期の近づいたのを知ると、宿のおかみに、自分が死ぬまで他言はしないと約束させて、身の上を明かした。アニーには、たしかに彼であることがわかるように、肌身はなさず持っていた小さな巻毛を送った。

第4章

良訳を目ざして

第２章、第３章で、中学１年と高校１年の教科書をよりどころに、翻訳をするにあたって注意すべきことを、逐一説明してきましたが、この章では、それを総括しがてら、良訳にいたる道をいくつかあげようと思います。良訳とは読んで字のごとく、良い訳、つまり悪訳の反対で、別に森鷗外や坪内逍遥のものしたような天下一品の名訳をいうわけではありません。そんな名訳はわれわれ凡人にはとうてい手の及ばぬ高嶺の花で、それを教えようというようなおこがましいまねは、もとよりぼくにはできかねます。

翻訳は一応便宜的に、誤訳と正訳、悪訳と良訳にわけることができるでしょう。はじめの一組は、語学レベルでの正誤、つまり、字づらの意味があっているかどうかです。あとの一組は日本語表現上の当否をいいますが、ただ日本語として読みやすいかだけではなく、当否の判断は、表面的な言葉のかげにひそむ著者の意図・情感を正しくとらえ、それを的確な日本語に表現し得ているかどうかにかかっています。言葉というものは、まず字づらの意味がわからなければ、文字どおり「話にならない」ことはたしかでしょう。早い話が、ここに出てきた「話にならない」の字づらの意味をわかってもらえなければぼくの話は通じません。しかし、これが「問題にならない、あきれてものが言えない」という意味であることだけしかわかってもらえなかったとしたら、がっかりします。この文脈で「話にならない」という慣用句を使うこちらの気持ちまで、読む人にはわかってもらいたい。かりにだれかがそれを外国語に翻訳したとして、まずその外国語を外国人が読んでまるっきり意味をくみとれなければ、これまた「話にならない」わけですが、たとえ意味がわかっても、ぼくの心の動きまで感得しないで、字づらだけ合わせたものなら、ぼくはその翻訳を正訳ではあっても良訳とは呼びたくありません。逆に、字づらの意味を理解した上でそれを乗り越え、一見字づらはちがっていてもこちらの気持ちがよくあらわれている訳だったとしたら、誤訳のようで実は良訳、さらには名訳だと考えるでしょう。

別にむずかしいことを注文しているわけではありません。特に文化的な背景、その差が問題となるときにはいつも考えなければならないことで、また誰でもやすやすと良訳をものしています。たとえば、Good morning. を「おはよう」と訳さない人は、ひとりもいないと言っていいでしょう。これは字づらの意味からいえば誤訳です。Good-by. を本来の意味どおりに「神がおんみのかたわらにましまさんことを」と訳す人もいません。Good morning. は朝のあいさつである、という文化的背景を考慮した上で、その対応語として日本語の「おはよう」を、みな持ってくるわけです。

これは簡単なあいさつで、Good morning. →「おはよう」とほとんど機械的におきかえられてしまいますが、翻訳はすべて、原理的にはこれと同じ過程をふみ、同じ操作をほどこすべきだ、と思うのです。一般的な風俗や習慣だけではなく、著者の意図や感情もその時々に応じて考えなければならないことは言うまでもなし。Good morning. にしてみても、これを単純に「おはよう」とするわけにいかない場合も、現実に出てきます。子どもが顔見知りのお

じいさんに

'Good morning.'

とあいさつした。ところがそのおじいさん、たまたま虫のいどころが悪かったとみえ、

'It's by no means a good morning.'

ときりかえした話が、ある物語に出ていました。これを、

「おはようございます」
「なにがおはようなものか」

では、寝坊したのをとがめたように聞えるでしょう。

「おじいさん、ごきげんよう」
「なにがごきげんなものか」

とでもすればいいかもしれません。つまり、子どもはあいさつのつもりで言ったのに、おじいさんはあいさつ以前の、言葉の本来の意味にかえって話をし、「ちっともいい朝じゃない」とむかっ腹を立てているのです。

こんなふうに、その場の状況を正しくとらえて適当な日本語をえらぶのが良訳というもので、その際、表面上の字義からはずれることになっても気にすることはありません。

最初に言ったとおり、正誤・良悪というこの分け方は、

まったく便宜的なもので、ほんとうを言えば、深層までとらえてはじめて正訳の名に値し、それをとらえていないものは、字づらが合っていようといなかろうと、誤訳でしょう。つまり、正誤・良悪という分け方をするならば、ほんとうに重要なのは良訳を得ることであり、誤訳をしないことではありません。

そこで改めて「良訳にいたる道」ですが……

(1) 日本語を書く

これはまたなんとバカバカしいことを言うものかと思われるでしょうね。翻訳だから日本語を書くにきまっているじゃないか、と。そのとおり。それこそぼくの言いたいところです。翻訳だから日本語を書くにきまっている。ただし、言いたいことはまだその先があります。つまり、多くの翻訳は一見日本語のようでいて、実はほんとうの日本語ではない、えせ日本語だということです。なるほど漢字、ひらかな、時にはカタカナまで使われ、(この本はちがいますが) 大てい横のものが縦にもなっています。しかしそれはうわべだけのこと。一応日本語のかっこうはしていますから、なんとなく意味はわかりますが、すっと頭にはいってくれないし、時には外国語と同じでさっぱりわからない。第3章で多くの実例をあげた英文和訳は、先入観をすてて読めば、とうていほんとうの日本語とは受けとれないでしょう。あれは学校の授業でやる英文和訳だからいたし方ない面もあります。ともかく語学レベルで理解することが先決の段階ですから。ところが、世間に出まわっている翻訳書の大半が、実はあの英文和訳と五十歩百歩といっていい。それも、英文和訳が百歩で翻訳書が五十歩ではなく、ひょっとすると、その逆かもしれません。

彼らが、帝国主義の進歩のための同盟の枠内での改良によって、ラテン・アメリカの従属を近代化するにつれて、ラテン・アメリカにおけるルンペン的発展の諸矛盾は、深化し、人民によってのみ解決されることができる——唯一の真の開発戦略、つまり、武装革命と社会主義建設によって。

（ピーター・L・バーガー『犠牲のピラミッド』紀伊國屋書店）

あるいは、

以前にわたくしたちは自分を克服し、何度となく避けがたい問題に自分を適合させましたが、ひとつとして問題を解決しませんでした。以前には他の人びとが、争いの対象である決定的な要因としてわたしたちの生活のなかに入ってきたことはなかったのであり、生活のなかには、ひとつの明確な領域において完全に熟達することにもとづく流動性がありました。

（ユーディ・メニューイン『果てしなき旅』白水社）

こんな文章を見ると、たしかに外国語と同じだと思わないわけにはいかないでしょう。日本語に訳したつもりでいても日本人にはわからない。そんなおかしな話ってありますか。

あるいは、日本人自身はそんなものだと思いこんでいる、もしくはあきらめているのでしょうか。しかし、外国人からみるとほんとうにわけがわからないらしい。よくぼくが引用する言葉なのですが、サイデンステッカーさんが次のように言っています。

日本は不思議な国である……西洋の文学作品を日本語に訳す場合ですら、技術的な論文か何かを訳すように、逐語的に、文字どおりに翻訳したものが、圧倒的に多いからである。つまり一種の翻訳調といった妙な日本語が大手を振って横行しているのである。しかも日本の読者はこういう訳を悪訳だとはいわず、それに満足しているかのようである。それだけではない、このように原作の文学的価値が失なわれてしまっていると思われるような翻訳調の中に、かえってエキゾチックな文化の味を感じとって楽しんでいるかのようである。この点日本の読者は全く不思議というほかない。

(E. G. サイデンステッカー、那須聖『日本語らしい表現から英語らしい表現へ』培風館)

サイデンステッカーさんは、罪は多分に読者の方にあるような言い方をされますが、それは必ずしも真実ではないでしょう。たしかにぼく自身、哲学の本を訳したときに、よくわかるけどあまり哲学らしくないね、と言われた経験があり、読者がむずかしげなものを喜ぶきらいはなきにしもあらずですが、歴史的には、一般大衆たる読者よりも、むしろ知識階級たる訳者の方が大きな責を負うべきではないかと、ぼくは感じています。卵が先かニワトリが先かの論争のようですが、この場合は、やはり、訳者の方が先でしょう。

一方に、一字一句にいたるまで重箱の隅をつつくように文句をつけたがる学界の雰囲気がある。訳者は——おおむね学界の一員で——やはり文句をつけられたくはないから、ヘマをしでかすまい、まちがった訳をするまいと小心翼々にどうしてもなる。また、たとえ文句をつけられても申し開きのできるような形にしておこうとするため、いきおい部分に拘泥し、伸びを欠いた文章になる。一字一句をとりあげればなんとなく合っているようでいながら、全体としては何を言っているのかわからない。他方、訳者自身も、外国語のできるえらい先生として、外国語を解せぬ読者に対し、訳してつかわそうという横柄な姿勢をついとってしまう。これでわからなければ、わからぬおまえがバカなのだ、と。こういうところからも、翻訳調をありがたがる雰囲気が培われてきたように思われてなりません。

明治の昔をふりかえると決してこうではなかったのですが、とにかくいつとはなしに日本語ならぬ日本語を許す状況がつくられてしまいました。翻訳者の中には、書き下しの著作のある人も結構いますが、著書と訳書をくらべてみると、著書はりっぱな日本語なのに訳書はさっぱりということが往々にしてあります。同じ１冊の本でも、本文とあとがきではえらくちがう。あとがきは日本語、それもすばらしい日本語で書かれているのに、本文は日本語とはとても言えたものではない。妙な話です。別に横柄でもなく、ことさらにわかりにくく書こうとしているのではなくても、翻訳となるといつのまにかそうなってしまう。まるで正統日本語とは別の翻訳日本語というものがあって、その独特の語彙・語法に従って書いているような感じ。その訳者は、自分がその言語の使い手であり、読者はその言語圏に属すると、無反省に考えているのでしょう。たしかに学校で外国語を勉強した経験を持つ者には、なんとなくわかるような部分もありますが、実際はわかったような気がするだけですし、書いている当人もほんとうにはわかっていないかもしれません。そして、こういう翻訳日本語をまったく受けつけない、まともな日本人が大勢いることを訳者は忘れているようです。

この状況はやはりおかしい。読者は、意味不明のえせ日本語をあくまでしりぞけるべきだし、訳者はあくまでもほんとうの日本語を書くべきです。

翻訳日本語の文法とは、要するに、原語（英語）の文法にひきずられてできているものですから、翻訳でほんとうの日本語を書け、とはつまり、英語の文法にとらわれるなということにほかなりません。

英語にはさまざまな法則がありますが、それは英語の文を律する法則ですから、日本語の文を書くときにまでそれに義理立てするのはバカな話です。義理立てするから妙な日本語が横行することになる。谷崎潤一郎の『文章読本』にちょうどそのことが出ているので引用しておきます。

私はよく、中央公論や改造等の一流雑誌に経済学者の論文などが載つてゐるのを見かけますが、あゝ云ふものを読んで理解する読者が何人ゐるであらうかと、いつも疑問に打たれます。それもその筈、彼等の文章は読者に外国語の素養のあることを前提として書かれたものでありまして、体裁は日本文でありますけれども、実は外国文の化け物であります。さうして化け物であるだけに、分らなさ加減は外国文以上でありまして、あゝ云ふのこそ悪文の標本と云ふべきであります。実際、飜訳文と云ふものは外国語の素養のない者に必要なのでありますが、我が国の飜訳文は、多少とも外国語の素養のない者には分りにくい。ところが多くの人々は此《こ》の事実に気が付かないで、化け物的文章でも立派に用が足せるものと思つてゐる、考へると寔《まこと》に滑稽であります。

さらに、

初学者に取つては、一応日本文を西洋流に組み立てた方が覚え易いと云ふのであつたら、それも一時の便法として已むを得ないでありませう。ですが、そんな風にして、曲りなりにも文章が書けるやうになりましたならば、今度は余り文法のことを考へずに、文法のために措かれた煩瑣な言葉を省くことに努め、国文の持つ簡素な形式に還元するやうに心がけるのが、名文を書く秘訣の一つなのであります。　（谷崎潤一郎『文章読本』中央公論社）

ここで、「文法」と言われているのを「英文法」、「文章を書く」「名文を書く」は「訳文を書く」「良訳を書く」におきかえれば、つまり、これが良訳を得る秘訣ということになります。「英文和訳から翻訳へ」とはこのことです。英語の文法は、英文を理解する手だてとして利用するのにとどめ、日本文を書くときには忘れるにしくはありません。

(2) イメージをえがく

ところで、第3章で述べた「英文和訳から翻訳へ」という2段階のプロセスも、ただ機械的に日本語らしからぬものを日本語らしく塗り替えるのではなく、英文和訳はあくまでも原文のイメージをつかむための手段だと考えて下さい。大事なものはイメージです。絵をかくのも、音楽をつくるのも、文章を書くのも、すべてその根本にあるのはイメージ。頭の中にあるイメージが筆を通して絵になり、楽器を通して音楽になり、ペンを通して文章になる。創作の場合はもちろんですが、翻訳の場合もそこに変わりはありません。創作では、イメージは最初から作者の頭の中にある。翻訳では、最初からあるのではなく、原文を通して訳者の頭によび起こされる。つまり、1クッションよけいにはいっているだけのことです。いや、考えようによっては、創作の作者の頭にえがき出されるイメージも、何かを契機としているわけですから、1クッションよけいとさえ言えないかもしれません。

本書の初めの方でセイヴァリーの *The Art of Translation* を紹介しました。このタイトルをそのまま日本語にするとどうなりますか。平凡に考えれば「翻訳の技術」ですが、「翻訳という芸術」とも解釈できます。現にその中には同じタイトルの章があって、そこではまさに芸術としての翻訳の話が書かれているのです。

今述べたように、原文のイメージをつかんでそれを別の媒体で表現するのが翻訳で、その操作はすべての芸術に共通ですが、翻訳にいちばん近いもの、いろいろな類比が成り立つものは、音楽の演奏ではないかと思います。演奏家は作曲者が譜面に書きあらわしたものを楽器で表現する。自分でその曲を創作したわけではないのに、演奏家が芸術家と見なされるのは、演奏が創造的な活動だからです。決して譜面を機械的になぞっているわけではありません。書かれた譜面は一定の約束があるとはいえ基本的なものを示すだけで、かなりの幅を持っています。音符の長さもそうならテンポもそう。譜には書きあらわせない微妙な緩急、間合いがつけられて、はじめて音楽らしい音楽になります。その活動を支えるものは解釈と表現です。翻訳もその点に変わりありません(翻訳と演奏について、詳しいことは拙著『翻訳と批評』講談社学術文庫をご覧下さい)。つまりは翻訳も芸術的ないとなみであるということ。

イメージをえがいてそれを文章にするのが翻訳ということであれば、できあがりは、おのずから英文和訳とはちがったものになります。たとえば、

I went to the park. There I saw a dog running.

という文章があったとしましょう。これならもちろん辞書をひくまでもなく、書かれていることはすっと頭にはいってきます。I went ── どこかへ出かけたんだな。to the park. ── なるほど公園か。There I saw ── そしたらそ

こで何かが目にはいった。a dog running. ——犬が１匹走っていたのか。それにもとづいてイメージをえがいてみる。自分がこの‘I’になりきるのです。自分をその状態において、ここに書かれていることを、創作と同じつもりで日本語で書く。それなら、

私は公園に行った。そこで私は犬が１匹走っているのを見た。

とは必ずしもならないのではないでしょうか。

公園に行ったら、犬が１匹走っていた。

前後のつながりいかんにもよりますし、書く人の感覚、イメージのとらえ方にもよることですが、これだけですませてしまうかもしれません。それでいけない、まちがっているとはいえないのです。I もない。saw もない。しかし、「犬が走っていた」という記述のかげには、「私」の目が光っています。単に、犬が走っているという客観的事実を記した文章ではなく、この文脈では、「私」が見た情景であるとしか考えられません。書かなくても「私が見た」でしかありえないのなら、そして、書かない方が原文のイメージが生きるなら、しいて書く必要はありませんね。

次に、ごく簡単な情景描写を考えることにします。

The farm lay in a hollow among the Somersetshire hills, an old-fashioned stone house surrounded by barns and pens.

これを普通に英文和訳すれば、同格を考慮しながら、

その農家、すなわち、納屋や家畜小屋に囲まれた古風な石造の家は、サマセットシアの丘の間のくぼ地に横たわっていた。

というようなことになるでしょう。しかし、そんなふうに言葉から言葉へ置きかえるのではなく、英文を見ながらイメージをえがくとどうなりますか。The farm lay ... ——農家がある。場所は？　in a hollow —— くぼ地だな。among the Somersetshire hills, ——サマセットシアの山あい、ね。an old-fashioned stone house ——そうか、古い石造の家なのか。surrounded by barns and pens. ——そして、まわりを納屋や家畜の小屋が囲んでいる。言ってみれば、これは映画の冒頭シーンです。まずスクリーンいっぱいになだらかな丘陵がうつし出され、そんな小高い丘の一つから眺めるような形で、山あいのくぼ地に農家がぽつんと建っているのが見える。だんだんズーム・アップすると、それが古風な石造の家だとわかる。カメラはゆっくり左から右へと、周囲の情景を追い、主屋を囲んで建っている納屋や家畜の小屋をとらえる。このようなイメージをすなおに言葉にしてみれば、

その農家は、サマセットシアの山あいのくぼ地に横たわっていた。古めかしい石造の家。納屋や家畜小屋にま

わりを囲まれている。

このとおり、原文の語順がおおむねそのまま生かされ、この過去分詞が前の名詞にかかって、それは主語と同格で、というようなややこしい関係は、言葉の上ではそう露骨にあらわれてきません。英語を書く人、話す人はもとへもどったり、先へ行ったりの複雑な操作をおこなっているわけではなく、イメージを追いながら頭に浮かんだ言葉をそのまま文字にし、口にしているのですから、そのイメージに従う翻訳に原文の語順が生かされてくるのは、当然と言えるでしょう。

このところ児童文学が一種のブームのような感じで、新訳・改訳が次々に出版され、翻訳志望者も目白押しです。しかし、本格的な文学は手に負えない、児童文学ならやさしいからなんとかなる、と思っているとしたら、とんでもないまちがい。なるほど語学的にはやさしいでしょう。子どもでもわかるような表現しか使われないのですから。しかし、実際には、児童文学の翻訳はそう簡単な仕事ではありません。なぜかというと、イメージをえがくことが翻訳の根本にあるからで、おとなになりきってしまった訳者は、なかなか子どもらしいイメージの受けとり方、伝え方ができないのです。ぼくは、児童書翻訳の経験はわずかしかないので、口幅ったいことは言えませんが、イメージをしっかりつかんで、それを生きた言葉であらわさない限り、子どもたちの心を動かすことはできないでしょう。

It was almost quite dark in there and she kept her

arms stretched out in front of her so as not to bump her face into the back of the wardrobe. She took a step further in — then two or three steps — always expecting to feel woodwork against the tips of her fingers. But she could not feel it.

C. S. ルイス著「ナルニア国物語」の第1巻『ライオンと魔女』のはじめの部分、主人公のひとりルーシーが洋服だんすの中へはいり、そこからなんと魔法の国へ抜けてしまうくだりです。ルーシーがまっ暗な中をおっかなびっくり、手を前にさし出しながら1歩1歩前へ進む姿を、頭の中に焼きつけて、それを子どもに語り聞かすという根本が欠けていては、いい訳ができようわけもありません。

中はほとんどまっくらだったので、ルーシーは用心のために手を前にあげておきました。たんすの背板におでこをごつんとぶつけるのはいやですものね。そうしてルーシーは一足ふみこみました。つづいて2歩、3歩。指の先が板に今さわるか、今さわるかと思うのですが……ちっともさわりません。

ざっとこんな具合でしょうか。

……彼女は、指の先が木にさわることを常に期待しながら、1歩——さらに2歩、3歩と足を踏み出した。しかし、彼女はさわらなかった。

これでは、ぶちこわしと言うほかないですね。

イメージをしっかりつかんでおかなければ、翻訳のしようがない、一つの単語すら訳せないということもまれではありません。ヒッチコックが映画化した『鳥』の原作者デュ・モーリアに「おやじ」(“ The Old Man ”) というしゃれた短篇があります。一見陰惨な子殺しに見えながら、実はその家族が人間ではなく白鳥だったことが最後になってわかるという、いわばオチのついた話です。しかも、白鳥夫婦がむつまじく夕日を浴びて飛び去る幕切れのシーンが実に美しい。したがって、翻訳する側としては、その結末を生かすために、最後の最後までサスペンスの状態を保っておかなければならない。読者をずっとはらはらさせ続けなければ、この作品の値打ちはないわけです。終始暗い不吉な雰囲気をただよわせることに気を配っておいて、最後になあんだと思わせる——そのためには1語の翻訳もゆるがせにはできません。早い話が、途中でこの家族が鳥であることがわかるような言葉は、一切使えない。かといって、人間でしかありえないような表現も許されない。途中では絶対に人間のはずなのに、最後になって実は鳥だったというのは、小説としてルール違反でしょう。たとえば、

They had three daughters.

をなんと訳しますか。「女の子が3人いた」でもだめだし、「3羽」でもだめ。

いちばん上が女の子、2番目も女の子、3番目も女の

子だった。

とでも逃げるほかないんじゃないでしょうか。

もっと硬い評論でも事情は同じです。評者の基本的な姿勢を理解するのが先決。相手をほめているのではなく、ほめるふりをしてけなしているのだ、という全体のムードをつかんではじめて、bright を「頭のおよろしい」と皮肉の意味に訳すことができます。

ＣＭやポスターなら、ましてイメージ、ムードが大事なことは明らかでしょう。どういう階層を対象にえらんでいるか、商品の性質はどうか。それによって選ばれる言葉は大幅に変わるはずです。

いちばん最初にあげた‘What's this?’をなんと訳すか、それも要するにイメージの問題にほかなりません。しゃべっている人間の年齢・性別・地位・職業でちがいますし、かりに子どもと限定しても、どんな家庭に育っているかによって変わってきます。

(3) しゃれて書く

しゃれ、語呂合わせなど言葉遊びを翻訳するのは非常にむずかしいものです。言葉の意味のみならず、音声まで加わった重層構造になっているからむずかしいのが当然。つまり、意味と音を両方正しく伝える訳語は、slowly は「そろり」だと笑い話のタネにされるような例を別として、まず絶対にないと言っていいからです。しかし、言葉遊びがおこなわれているのは、作者の心に遊びがあるからにほかならず、ひいては内容全体の性格を示すことにもなりますから、むずかしくて翻訳できないからと、まったく無視してしまうのはまずい。だいたい、せっかくしゃれを書いている作者に対して失礼です。ジョークをとばしたつもりなのに、相手がさっぱり反応を示さなかったときの白けた気持ちを経験した人は多いでしょう。作者にそんな気持ちを味わわせるのはよくない。それは訳者の責任です。前にも触れたように、最後の手段としては、カタカナのルビをふることになりますが、言ってみればこれは、ジョークを言っておいて、相手にこれはジョークだよと説明しているようなもの。ジョークとしての値打ちがありません。同じ形でだめなら別の形に変えるとか、なんとか方法を講じたいものです。一つやさしい例をあげましょう。

Do you know how to change an apple into a pear?
Add one, and you'll have a pair.

もちろん、pear と pair の同音異義語を利用したしゃれです。

りんごをなし《ペア》に変えるにはどうすればいい？
一つ足せば二つ《ペア》になる。

これでも、なるほどしゃれなのだな、とわかるにはわかりますが、いかにも芸がない。ペアという音声を残すかぎり、うまく処理できないので、別の形にします。

りんごをなしに変えるにはどうすればいい？
食べてしまえばなしになる。

この程度のことなら大した苦労はいりません。が、普通は何日も頭をしぼるようなことになるものです。ともかく、言葉の遊びの背景となっているムードを大切にするよう心がけて下さい。これは前項の「イメージをえがく」につながることです。

しかし、この項で言う「しゃれて書く」とは、狭い意味の「しゃれ」ではなく、もっと広い言葉づかいやスタイルの問題です。翻訳となると——一生懸命なぞろうとするからよけいそうなるのですが——肩ひじ張った、やぼな言葉づかいに終始することが多い。もっと伸び伸びと、生き生きと——そう、いきにやろうよ、というのがぼくの言いたいところです。

翻訳はもっとも容易な仕事である。

と書くかわりに、

翻訳など赤児の手をひねるようなもの。

とか、

翻訳なんてお茶の子さいさい。

とした方がかっこういいでしょう。

ポオの「モルグ街の殺人事件」から二つの翻訳を引用してみます。

> 夜そのもののために夜を溺愛するというのが、私の友の気まぐれな好み（というより他に何と言えよう？）であった。そしてこの奇癖にも、他のすべての彼の癖と同じく、私はいつの間にか陥って、全く放縦に彼の気違いじみたむら気な所に身を委ねてしまった。漆黒の夜の女神はいつも我々と一緒に住んでいるという訳にはゆかない。……
>
> （S氏訳）

> ところで、これは、友人デュパン君の、まったく気紛れだと思うのだが（つまりそうとしか思いようがないのだ）、彼は、夜そのもののために、夜を愛するという、妖《あや》しい魅惑に憑かれていた。そしてこの奇癖に関してもまた、僕は、他の場合と同様、黙々として同化されてゆき、彼のこの奇怪な気紛れに、てもなくやすやすと、かぶれてしまったのだった。この烏羽玉《ぬばたま》の闇の女神は、もとより四六時中、僕たちとともにいるわけではない。……
>
> （中野好夫氏訳、筑摩書房版）

こう二つ並べてみると、S氏のはなはだやぼったい、生硬な訳にくらべて、中野氏の訳が天馬空を行くように闊達自在、言葉づかいがいかにもしゃれていると思いませんか。「妖しい魅惑」とか「てもなくやすやす」とか「烏羽玉の闇の女神」とか「もとより四六時中」といった表現にはっきりあらわれています。

翻訳とはこうありたいものです。もちろんそのためには日本語の語彙・表現力が豊かであることが必要で、ないものはどこからも出てきようがない。しかし、せっかく持っていながらそれを出さない手はありません。S氏にしたところで、その気になれば「烏羽玉の闇の女神」ぐらいの表現はできないはずがないでしょうが、翻訳という枷《かせ》で自分の手足の自由をうばってしまったのだと思います。つまらない話ですね。参考のために、同じポオからの引用をもう少しつづけましょう。

> が、我々は彼女を模造することが出来た。ほのぼのと夜が明けかかると、我々はその古い建物の重々しい鎧戸をみんな閉めてしまい、強い香をつけた、ただ実に微かな無気味な光を放つだけの二本の蠟燭をともす。その光で二人は読んだり、書いたり、話したりして――夢想に耽り、時計がほんとうの暗黒の来たことを知らせるまでそうしている。
>
> （S氏訳）

> だが、僕たちは、いわば人為的に、いつわりの夜を、つくり出すことができる。つまり、朝がかすかに白みはじめると、家の重い鎧戸という鎧戸は、すべて閉じてしまい、かわりに、蠟燭《ろうそく》を二本ともす。強い香料を入れたこの燭火《ともしび》が、ただ妖しい、かすかな光を放つだけだ。そして、この灯をたよりに、読んだり、書いたり、話に耽ったり、間断ない、夢のような魂の生活が、はじまるのだ。と、やがてついに、真実の夜の到来を告げる、鐘が鳴る。
>
> （中野氏訳）

「いつわりの夜をつくり出す」(「彼女〔夜〕を模造する」)、「朝がかすかに白みはじめる」(「夜が明けかかる」)、「鎧戸という鎧戸」(「鎧戸をみんな」)、「妖しい、かすかな光」(「微かな無気味な光」)、「この灯をたよりに」(「その光で」)、「真実の夜の到来を告げる」(「ほんとうの暗黒の来たことを知らせる」)といった表現に注目して下さい。それと同時に、この項には直接関係がありませんが、

　蠟燭を二本ともす。……この燭火が……
　夢のような……生活が、はじまるのだ。と、やがてついに……

の叙述の順序が、S氏訳にくらべて理にかなっていることも、読みとってほしいと思います。

　ところで、学生諸君を含め、若い人たちの話や書いたものを見聞きするとき、当人はしゃれた言いまわしだと思っているのが、とほうもないまちがいで、愕然とするよりはむしろ呆然としてしまうことがよくあります。

　近頃、日本語の乱れがしばしば問題になります。そのときにいちばん槍玉にあげられるのは、妙なカタカナの氾濫でしょうが、そんなことよりも、語彙が貧困になったこと、慣用に無知になったことの方が、はるかに憂うべきだと思われます。ちょっとむずかしい言葉、変わった表現をすると、たちまち通じなくなる。最近もある雑誌の記事で「剣《けん》呑《のん》」という言葉を使ったら、編集者がわからないから別の言葉に喚えた方がいいと言う。やむをえず「物騒」にしま

したが、書く方の立場としては、はなはだ残念なことです。「言霊《ことだま》の幸《さきは》ふ国」はどこかへ消えたような気がします。

言葉を知らないとバカにされるのがくやしいから、がんばって使ってみる。ところが、それがまたまちがっている。ますますみっともない。ある清涼飲料のコマーシャルで

手の切れそうに爽かな○○の味

と叫んでいるのを聞いて、真実、わが耳を疑いました。「手の切れそうな」とは、新しい紙幣にしか使わない形容句です。そもそも、「手が切れる」と「爽か」の間になんの関係がありますか。

書くことが商売の新聞記者までが、

それに輪をかけてひどいのは……

と書くべきところを、

それによりをかけてひどいのは……

とやって平気でいる。「腕によりをかけて」と混線したのでしょうが、そんな世の中ですから、学生がまちがえるのはあたりまえかもしれません。翻訳を志す人は、書くのが商売になるかどうかわからないにしても、とにかく文字を人目にさらすにはちがいありません。しゃれたつもりでやぼにならないよう、気をつけていただきたいものです。

これが果たしてしゃれて書くことになるかどうかは疑問

かもしれませんが、もう一つ考えておいていいのは、擬声語・擬態語です。これを頻繁に使うのは日本語の特徴と言ってよく、特に子どもの話し言葉にはやたらに出てきます。子どもに多いことからして、あまり使いすぎるのは文章が幼稚になり、文章を書く上で厳にいましめられる事柄ですが、まったく使わないのは、また逆に日本語らしさを失うように思われます。そして、翻訳文はほかの文にくらべてその使用度が少ない、というのがぼくの印象です。なぜそうなのか。理由は次のように考えられます。

たとえば、「しくしく泣く」を和英辞書でひくと、'sob; weep' と出ています。しかし、逆に英和で sob、weep をひくと、「むせび泣く、すすり泣く」「涙を流す、泣く」とあるだけで、「しくしく」という擬声語は書かれていません。同じく「のっしのっしと歩く」を和英で調べると 'stride' になっている。逆に英和で stride を見ると、「大またに歩く」です。この2例をもってしてもわかるように、英和辞書は、擬声語・擬態語を使いたがりません。したがって、辞書にたよりきる翻訳文にもそれが出てこない。

日本人は物を非常にこまかく区別するので、名詞の数は多いのですが、形容詞・動詞の語彙は貧弱なようです。たとえば、今出てきた「歩く」を例にとっても、歩行をあらわす動詞は「歩く」のほかというと「歩む」ぐらいで、これは文語ですから、日常使うものは「歩く」だけです。英語では walk、step、tramp、pace、pad、stride、shuffle、stagger、shamble、totter、toddle、waddle、wallop、lollop など、ちょっと思いつくだけでも大へんな数にのぼります。たった一つの「歩く」でちがいをどうあらわすかといえば、いろいろな副詞その他修飾語を付け加えるわけで、そのとき威力を発揮するのが擬声語・擬態語です。「歩く」につけられるものは、

すたすた、のっしのっし、どたどた、ばたばた、ぱたぱた、のろのろ、よろよろ、よたよた、よちよち、ぶらぶら、ふらふら、そろそろ、てくてく、とぼとぼ、とことこ、だらだら、どすどす、ゆっさゆっさ、でれでれ、ちょこちょこ

まだまだあるでしょう。これほど多彩にそろっているのに、使わないのはいかにももったいない。使えるときには、あるいは使った方がすっきりするときには、遠慮なく使うべきでしょう。

He took a long draught of beer.
It smells strongly of paint.
The rain has begun to sprinkle.

これを日本語にすれば、

彼はビールをグーッと一息に飲んだ。
ペンキのにおいがプンプンする。
雨がパラパラ降ってきた。

がピッタリではないでしょうか。「ペンキが強くにおう」

ではどうも……

丸谷才一氏の『文章読本』に「ちょっと気取って書け」という章があります。これは「思ったとおりに書け」という世間によくある文章訓に対する反論で、文章とはむしろ型にのっとって書くもの、文章は実生活ではなく虚構であり、日常ではなく儀式なのだから、祭のときに多少めかしこむように、文章も気取って書け、という教えです。そして丸谷氏の言われるように、気取って着かざった文章がある反面、気取らないことを気取る文章、めかしこみながら、おしろいっ気のない文章もあります。いずれも「いき」にほかなりません。「しゃれて書く」――生き生きと書く、いきに書く。結局は「ちょっと気取って書け」と同じことでしょうか。

(4) 耳をすまして書く

またまた丸谷氏の引用になりますが、

直訳ふうの文章の欠点と言へば（これは小説の翻訳でよく出会ふ現象だが)、「だつた」、「あつた」、「行つた」などと、文章の終りの音がみな揃ふといふことがある。原文では動詞が文末にゆくことはむしろまれで、そこには目的語ないし目的節や副詞ないし副詞句などが位置を占めることが多いゆゑ、同音づくしになつてはゐないのに、翻訳ではとかくかうなりがちなのである。

（丸谷才一『文章読本』中央公論社）

たしかに日本語では、丸谷氏の言われるとおり、文末の処理が大問題で、動詞の過去形はすべて「た」で終わり、現在形は「書く」「起きる」「食べる」と、すべてウ段。「です、ます」調ならもっとひどくて、「書きます」「起きます」「食べます」と、語尾が完全に同じになってしまう。しかも繋辞の「です」と似かよっているためよけいまずい。どの文もどの文も「です」か「ます」——つまり、す、す、す、の連続です。単調さを救うためには、形容詞で終わらせるとか、「〜です」をわざわざ「〜にほかなりません」と否定形にするとか、「だ、である」調をまぜるとか——まぜ方にコツがいりますが——大へんな苦心をしなければなりません。これは日本語を書くわれわれ日本人の背負った業《ごう》のようなもので、こんな苦労を免れている——といってもほかに苦労はあるわけですが——外国人がつくづくうらやましくなります。しかし、業だから仕方がないと言ってはいられないし、翻訳だからかまわないとも言ってはいられない。翻訳では、外国語をうつし替えるのに精一ぱいで、日本文の文末の処理まで目が届かないのかもしれませんが、文章を書く以上はそれでは困る。みっともないものを書いたら、第一自分が恥ずかしいでしょう。

ところで、みっともないものの典型は「である」文です。丸谷氏の引用をつづけます。

> いちばん害がはなはだしいのはやはり「である」だらう。「である」「である」とやたらに書きつづけ、はなはだしきに至つては「であるのである」などとやらかす態度はつとに永井荷風の慢罵するところだが、われわれは

あの「である」づくめを即刻やめなければならない。あれは下手な候文に似てゐて、しかも伝統がないだけもつと醜い。「である」をべたべた貼りつけて何となく立派な文章を書いたつもりになつてゐる態度を改めれば、それだけでも、日本の文章の水準はずいぶん向上するのではなからうか。

そこで、実際に、日本の文章の水準を落としているどんな翻訳文があるか、少し例をあげることにします。

警察犬の臭跡力にはかなわないが、しかし、私たちの嗅覚も素晴らしくいいのである。空気中に５千万分の１だけ混じっている天然ガスを嗅ぎ分けることができるのである。私たちの嗅覚は味覚の１万倍も鋭敏なのである。……他の感覚の信号と違って、匂いのメッセージは直接反応の中心部に達するから理性的な自己抑制の対象には最もなりにくいのである。その結果、匂いは私たちが意識しなくても、記憶に残るし、あるいは行動を起こさせることになるわけである。

（ルース・ウィンター『匂いの本』竹内書店新社）

あるいは、

こうしたことが、したがって、わがアメリカ文化のパターンなのである。つまり機会と挫折との、力と紛れもなき弱さに対する軽率な無視とのパターンであり、……手段と目的との間のかなりの程度の力点の転倒を表わすパターンであり、……構造上の欠陥をもつアリの大群のような密集のなかで、孤軍奮闘する競争的な個人のパターンであり、収入の道を求めて農場から都市へと渡り歩く根なしの人びとのパターンである。

(R. S. リンド『何のための知識か』三一書房)

この本はじつに「である」が多くて、全体の3分の2ぐらいが「である」で終わっている感じです。

話はちがいますが、世間にはオンチというのがあります。いくらがんばっても正しい音程がとれない、正しいリズムがつかめない、音楽的な聴覚を持たない人のことです。こういう人は、もちろん音楽家にはなれません。それどころか、音楽で一応ひとを楽しませることさえできないでしょう。はじめからそんな野心を持たないのがむしろ身のためです。

ところで、文章を書くのにもそれと同じことが言えるのではないでしょうか。文章オンチ——略してブンチと言っておきますが、ブンチの人は、いくらがんばってもしょせんいい文章は書けない。オンチの人は、人前で歌ったりひいたりするのは遠慮した方がいいのと同じで、ブンチの人は、ひとに文章を読ませるのは遠慮した方がいい。

さて、そのブンチですが、ブンチとオンチの間にはこういった類似があるだけではなく、ブンチは実はオンチなのだ、というのがぼくの持論です。何をバカなこととおっしゃるかもしれませんが、これには十分な根拠があります。

また丸谷さんの『文章読本』の引用になりますが、その第11章は、「目と耳と頭に訴へる」で、その中に、文章がまづ訴へるのが読者の目に対してだとすれば、次にそれが相手どるのは耳である。音読ではなく黙読する場合でも、われわれは文章を心のなかの耳によつて聞く。そこで文章の調子やリズムとかが問題になるわけだ。

とあります。「文章を心のなかの耳によって聞く」というのは、非常に大事なことだと思います。文字は手で書き、目で読みますが、文章は耳で聞きながら書くものです。たとえ音には出さなくとも、音なき声を耳が聞いています。文章の調子やリズムを、自分の耳で判断する。文才は聞才、聞く耳を持たなければいい文は書けません。

よい耳を持合せてゐる者が書けば、単に口調がなめらかだとか、あるいはゴツゴツと抵抗があつてそれがかへつて具合がいいとか、そんなことだけでなく、もつと根本的に、文章の骨格が整へられることになる。

（丸谷才一『文章読本』）

もう一つ。実際の翻訳文から例をひきましょう。

社会科学が素直に受け入れねばならぬ困難の一つは、全体的文化に匹敵する大きさの現象に関する制御された実験を行なうことができない、ということである。したがって、こうした仮説を述べる際には、それは確定的にそうであることを証明することも、あるいはそうでないことを証明することもできない、ということが認識されている。このことは、われわれができることを行なうことから、われわれを免れさすものではない。

（『何のための知識か』）

こんなに「こと、こと、こと、こと」イモでも煮るように書いて平気なのは、やはりオンチのせいでしょう。芋煮訳とでも言っておきますか。

ついでにもう一つ。

右記の見解は……幼い男児の、自らの保護者である強力な父親への、父親が彼の共生的な態勢への退行の流れをせき止めてくれることを期待しての、逃走をはっきりと表現している。

書いているうちに噴き出しそうになりますね。♪のの花畠に意味も薄れ♪と口ずさみたくなるよう。まともな耳を持っていれば、必ずおかしいと思うはずです。しかし、まともな耳を持っていても、聞かなければなんにもなりません。「耳をすまして書く」を１項目に加えるゆえんです。

第5章

誤訳を防ぐには

翻訳をする人は、誤訳をずいぶん気にします。気にしすぎるぐらい気にする。その気持ちもわからなくはありません。たしかに、「この翻訳わからないねえ」と言われても、「なんだおまえ、そんなことわからないのか、頭悪いなあ」と、ふんぞりかえっていられる雰囲気が日本にはあるし、翻訳については「おかしな文章だねえ」と批評する人はめったにおらず、たまにいても、「なあに趣味のちがいさ」といなしておけばそれまで。相手は二の矢がつげずにひっこんでしまう。

しかし、「これ、まちがってるぞ」と言われたら、そうはいきません。相手にしないでいると、逆にそのまちがいを認めたことになってしまう。まちがいでないことを証明するためには、こちらから積極的にものを言わなければならないし、また事実まちがっていたとしたら、抗弁ができない。つまり、'What's this?' は、「これは何ですか」以外の何ものでもない。だから、'What's this?' を何かのはずみで「今、何時?」と訳し、まちがいだと指摘されたら、黙ってうつむいているよりしょうがない。「今、何時?」という意味になることもあるんだと屁理屈をつけるわけにもまさかいかないし、相手が承服するはずもない。

と、こんなふうに考えるわけですが、実はそう単純に片づくことでもないのです。数学の計算なら、答は正しいかまちがっているか、二つに一つ。1＋1は普通は2だけれども、たまにはそうではないこともある、とは言えません。しかし、翻訳——に限らず、人文科学はすべて、完全な黒か白かということがない。

黒を白と言いくるめる、という表現がありますが、ぼくはかつて brown を「白」と訳したことがあります。テッドという子ぐまの坊やのお話で、テッド君、人間に変身したくてたまらず、魔法のうまいオーガストおじさんに、何とかしてくれと頼みこむ。オーガストは、一応承知するんですが、魔法にとりかかる前に、人間の子どもがどんなにたいへんかテッドに話してやる。朝起きたら、顔を洗わなければならないとか、洋服というものを着なければならなくて、そのボタンをかけるのがおそろしくむずかしいとか。また、学校にも行かなければならないし、学校では先生がいろいろな質問をする、といっておどかすのです。たとえば、

What colour is a brown bear?

さて、この文章をどう訳すかですが、一見バカバカしく感じられます。「茶色のクマは何色か」こんなナンセンスな話はありません、茶色のクマは茶色にきまっていますから。しかし、brown bear は単に一般的な茶色のクマではなく特定の種類をさします。日本のヒグマにあたるでしょうか。それなら、「ヒグマは何色か」でいいかと言うと、それもおもしろくない。いかにも子どもらしい、子ども向きのこの質問は、クマの種類をさす言葉に色が含まれているところにおもしろさがあるわけです。それなら日本語でもそういう言葉をさがせばいい。色のはいったクマの種類。シロクマです。つまり 'What colour is a brown bear?' の訳は、

がいいということになる。brown を辞書でひいても、もちろん「白い」がはいっているわけはありません。しかし、別に茶を白と言いくるめるのではなく、状況によってはシロと訳す方が適切な場合もある、ということです。

はじめの例にもどって、‘What’s this?’ は、たしかに九十数パーセントまでは「今、何時？」はまちがいでしょう。しかし、諸般の事情を考慮すれば――諸般の事情とは、字数とか、リズムとか、口の形とか、言葉の遊びとか、いろいろあるわけで――「今、何時？」の方が時宜にかなってよろしいということが、時にはあっても不思議ではない。逆に、「これは何ですか」ならいつでも満点ということにもならない。前に書いたことですが、たとえ意味の上ではそのとおりでも、つまり複雑な事情は問題にならなくても、言い方はさまざまで、「これ何かしら？」がいいか、「何だい、こりゃあ？」がいいか、ものを書く人間としては当然考えるべきことです。

ほんとうは、そういうことの方が、「これは何ですか」か「今、何時？」かの議論よりもよほど大切だとも思われます。妙齢の女性が「これ何かしら？」と言うべきところを、うっかり「今、何時？」と言ってしまっても、聞く方は一瞬オヤッと思うだけで終わるでしょう。しかし、「何だい、こりゃあ？」と言えば爆笑です。つまり、妙齢の女性の場合、‘What’s this?’ を「何だい、こりゃあ？」と訳すのは、とんでもないまちがいだということになります。

そんなバカな訳を誰がやるものか、とおっしゃるでしょう。そうかもしれません。しかし、2歳か3歳の幼児がしゃべっている場合にも、「これは何ですか」と翻訳する人は——ずいぶんいるんじゃないですか。

とはいうものの、もちろん正真正銘、純粋無垢の誤訳はあります。諸般の事情なんぞ何もないのに、'What's this?' を「今、何時？」とやったら、それは文句なし、誤訳にちがいありません。しかし、そんなまちがいをいちいち気に病むことはない。「ほんとだ。まちがえてら」と笑ってすませばよろしい。そのまちがいのために人が死んだとか、車が事故を起こしたとか、誰かに莫大な損害をかけたのなら話は別ですが、普通はそんなことはありません。

外交問題で翻訳が適切でなかったために誤解が生じたという程度の話は聞きます。だいぶ昔のことになりますが、戦争後、日本に駐留していたマッカーサー司令官が出した文書に order という単語がはいっていた。担当者は当然のごとく「命令」と訳したが、実は「修道会」だったという話もあります。しかし、われわれは国事の枢要にたずさわることなどまずないとみておきましょう。たかが翻訳、少々のまちがいなんぞ、という気持ちになればいい。

「誤訳回避法」という霊験あらたかな秘法があるなら、こちらからうかがいたいくらいで、誤訳はハシカみたいに誰でもかかるし、どんな薬もきかない病気です。誤訳をしないようにしないようにと、おどおどびくびくしていたら、ろくな翻訳ができないこと請け合い。巷に氾濫している何をいっているのかわからない翻訳書には、そのたぐいのものが多いんじゃないでしょうか。これはハシカを避けようとしてガンにかかったようなものです。日本語としてとおらない翻訳の方が、誤訳よりはよほどタチが悪い。誤訳をいくら避けたって名訳にはならない一方、少々誤訳があっても名訳になります。

とはいっても、だから誤訳をいくらやってもかまわんということにはなりません。本１冊に誤訳の一つや二つ、あるのがあたりまえ。四つや五つ、どうってことない。十やそこら、大したことない。しかし、四十や五十、となると、これはやっぱり困る。「なるほど、まちがえてますな」と笑ってすますわけにはいきません。また、四つや五つでもないに越したことはないでしょう。そこで、いい翻訳とはいわゆる誤訳のあるなしとは次元がちがうことを頭に入れた上で、できるだけ誤訳をへらす手だてを考えることにします。

大学の演習のクラスで学生にマックス・ビアボムの『シルクハット』(Max Beerbohm; *The Top Hat*) の翻訳をやらせたので、そこに出てきた誤訳を材料に話を進めましょう。ビアボムは画家としてもカリカチュアの名手ですし、作家としてもウィット、ユーモアに富んだ作風で知られていますが、この随筆もその部類に属し、最初からさっそくこんな文章が出てきます。

I plead guilty to finding in the past a charm which the present lacks for me. I hasten to say, however, that this charm is slight in comparison with that which the future would have for me.

シルクハットといっても、時代がかった代物ですから、若い人はもちろん知りません。そこでビアボムは、シルクハットがいかにすばらしいものであったかを語る前に、こういう弁明を書いたわけですが、ひとりの学生がこれを訳して、

　私は自分が現在に見いだせない魅力を過去に見つけることの責任を認める。しかしその魅力も、私が未来に感じる魅力とくらべればわずかなものだといわねばならぬ。

としました。

さて、第1の問題点は plead guilty to の訳で、これは誤訳と見るべきでしょう。*COD*（*Concise Oxford English Dictionary*）にもあるとおり、この意味は単純明快に confess guilt。「自分にその罪があることを認める、その点については自分が悪いと考える」です。訳例のように「～することの責任を認める」では、むしろ「～しなければならないと考える」の意味にとられます。「私には家族を養う責任がある」は、「私は家族を養わなければならない」とひとしい。「あなたの損失については私に責任がある」とか「あなたが損失をこうむったのは私の責任だ」のように、過去の事件に関して言われる場合には、「私が悪い、私の方に罪がある」の意味になるでしょう。

実はこのテキストに注がついていて、この idiom の意味が ‘to admit the responsibility for’ と書かれていました。これは、あとのような使い方をされる限り、まちがい

とはいえませんが、少なくとも misleading ではあります。現にこの学生が mislead（迷わ）されてしまった。ここは、「今はよくないが昔はよかったよかったと言うのは、たしかにうしろめたい気がするが……」という意味でしょう。だからこそ I hasten to say が生きてきます。こんなことを言うと、若い人たちから頭の固いじじいだと思われるかもしれないから、早いところ弁解しておこう、という気持ちです。そこで――

教訓の1　ひとが書いた注や説明をうのみにしないこと

この注はまちがっているわけではありませんが、世の中にはずいぶんひどいものもあって、まるで見当ちがいだったり、なんの役にも立たなかったり……。大学で使っている英語教科書の注のあやまりを集めたら、さぞかしおもしろい本ができあがるだろうと思います。いつか、ギリシアの作家クセノフォンの説明に、哲学者クセノファネスのことを長々と書き記した注を見たことがあります。ちょっとむずかしい、ひねった表現の解釈のあやまりはザラ。簡単な単語など、学生が自分で辞書をひいてもわかることなのに、わざわざ注をつけ、おまけにそれがまちがっているとあっては、ありがためいわくもいいところでしょう。参考のために、最近見かけたものを2、3あげますと――

ロバート・リンドの有名な随筆『貯金箱』（Robert Lynd; *The Money Box*）で、貯金箱に入れたお金をナイフでとり出す話が出てきます。なかなかうまくいかなくて、さんざん苦労したあげく、

... just as it [the money box] seemed about to behave like a Christian ...

問題はこの Christian ですが、注に「特にキリスト教徒の意味でなく、無生物または畜生に対して人間をいう」と書いてある。これではわかりません。貯金箱は無生物だけれどもそれが人間らしくなった——それでどうだというんですか。やはり「キリスト教徒」というところに意味があるんで、これはキリスト教徒らしい従順さをあらわしているにちがいありません。つまり、「やっと、いい子になってくれたかと思ったそのとたん……」というような意味でしょう。

次はウィリアム・サンソムの『ヴェニス』(William Sansom ; *Venice*) という短篇小説。サンソムは絢爛たる文章を駆使する人で、なかなかむずかしいのですが、

Was the mood of holiday, that giddier of the most composed spirits, ... having its way with her ?

ヴェニスへ観光旅行に出かけたある若い女性の心理を描いたところで、that giddier of the most composed spirits は、もちろん the mood of holiday と同格です。これはいったいなにか？　注を見ると、「最もおちついている精神の中でも、うわついている方のもの」となっています。

注釈者は the mood of holiday とは別物と考えたのかもしれませんが、いかにもおかしな言い方ですし、第一、

giddy に「うわついている」という意味はありません。このまちがいは、giddier を形容詞 giddy の比較級ととったところにあります。giddy は、実は動詞でも使われる。それに動作主の語尾 -er をつけた giddier です。普通こんな単語は使われませんが、この場合それ以外に考えられず、意味は「めまいを起こさせるもの」。つまり、「もっとも落ちついた精神をさえくらましてしまう、あの休日のムード」ということになります。

注釈者はもちろん悪気でやっているわけではないでしょうが、いくら親切のつもりでもまちがえることはずいぶんあって、それを命の綱と頼りにしている学生にはずいぶん罪作りな話ですが、翻訳者たるものは、命の綱などと思っちゃいけない。最初に本になった翻訳のあやまりに気づかず、2番目、3番目の翻訳がそれをそのまま踏襲しているという、けしからん、あきれた話もあるようです。翻訳者はひとのふんどしですもうをとろうなどとケチな了見をおこさずに、なにはともあれ自分の目でたしかめるという姿勢を、常にとりつづけることです。次。ビアボムの『シルクハット』に戻って、

> I fondly strain my time-dimmed eyes toward that back-ward horizon.
>
> （訳例）　私は後方の地平線に向け、愚かにも時代遅れの目をみはる。

将来にはいろいろいいことがたくさんあるらしいが、自分はそれまで生きていられそうもない、と書かれたあとの

文章がこれです。著者がシルクハットをいいものだと思いながら昔をなつかしんでいることは、前に暗示したとおり。「後方の地平線」とはもちろん「昔」を意味していて、昔をふりかえるのを、うしろの地平線をながめるというイメージでとらえているわけです。しかし、time-dimmed が「時代遅れ」というのはどうか。このままの形では辞書に出てきません。しかし、dim は動詞で「暗くする、ぼんやりさせる、くもらせる、（目を）かすませる」とあります。目の話だからこの dim は「目をかすませる」にきまっていて、なぜ目がかすんでいるかといえば、もちろん time のせい。つまり、年をとって目がかすんでいるのです。

それはそうと、「愚かにも」とはいったいどうしたこと？　ビアボムは年をとっていることを決して卑下なんぞしていないし、昔をなつかしむ自分を愚かと思っているはずもない。fondly を辞書でひくと、なるほど「愚かに」という意味も出てはいます。しかし、《古》。つまり古語の場合しかその意味では使われません。普通は「やさしく、かわいくてたまらないもののように」。もちろん、シルクハットがいとおしいのです。だいたいわけもなく古語が現代風の文章にまじるはずがない。日本語でも、「あわれ彼女は恋に破れ……」の「あわれ」を、辞書に出ているからといって「かわいい」の意味にとるバカはいないでしょう。

教訓の2　辞書のひき方、読み方をまちがえないこと

この学生は、むしろ考えすぎて普通使われないような意

味を持ち出したようですが、一般的に学生の通弊は、わからない単語があると辞書をひく、のはいいとして、ただやみくもに辞書の最初に出ている訳語を単語帳、もしくは教科書の余白に書きうつしてすましていることです。必ず原文の文脈を考え、辞書の用例を見る。その上で最適と思われる訳語を採用すること。先ほどの giddier などその好例でしょう。形容詞の比較級ではどうしても文脈に合わない。そこで改めて辞書をひいてみると、動詞でも使われるらしい。なるほど、これだ、というわけです。ある翻訳書で lollipop（「棒つきキャンディー」）を「よたよた歩き」と訳している。おかしいなと思って調べたら、辞書の lollipop の次の単語が lollop（「よたよた歩く」）でした。まさかと思うでしょうが、ほんとの話です。

One wore it throughout debates in the House of Parliament, taking it off (with a wrench) only when one rose to orate, and resuming it (with a sigh of relief) as soon as ever one had said one's say.

（訳例）　議会では討議の間中ずっとシルクハットをかぶっていた。起立して演説するときだけ腕をひねって帽子をとり、自分の言いたいことを言い終わるとすぐにほっとひと息ついて、また帽子をかぶるのである。

イギリス人はなにをするにもシルクハットをかぶっていた。狩りはもちろんのこと、釣りをするときも、スケートをするときも、クリケットをするときも、そして議会でも。この文章は議会でのその習慣の説明ですから、その点で翻訳につまずくはずはありません。しかし、なんの前置きも予備知識もなく、いきなりこういう文章にぶつかったとしたら、まさか議会で帽子をかぶっていようとは思いも寄らず、とんでもないまちがいをしでかす可能性は大いにあります。この種の風俗習慣は、原著者と読者の間では暗黙の了解事項で、いちいち説明されないので、異民族には大きなつまずきのもとになるわけです。

よくいわれる例は身ぶりです。たとえば人を呼び寄せる手招きは、あちらとこちらでは手のひらの向きがちがう。to scratch one's head は決して日本人の「頭をかく」と同じではない。前者がイライラの表現であるのに、後者はテレかくしのしぐさです。したがって、He said so, scratching his head. を「彼は頭をかきかきそう言った」と訳したら、物理的には正しくても、意味内容はまったくちがったものになります。「頭をかきむしって……」と言えば、ほぼひとしいでしょうか。ユダヤ民族の間では、こぶしで胸を打つのが、罪を悔やむしるしで、それがキリスト教に入り、今でも教会の典礼で使われています。日本人にはまったく縁のないしぐさですが、アフリカのある原住民の間では、同じ動作が喜びをあらわすそうです。

ちょっと変わった例として、いつも日本語訳のまちがいばかりではシャクですから、日本文学の英訳のまちがいをひとつ紹介します。『潮騒』の一節に「唐草模様の大きな蒲団包み」が出てきますが、その英訳が a great bale of arabesque-patterned quilts になっている。日本人なら誰でもこれを見てオヤッと思うでしょう——いや、若い人は別か。ふとんを包むのに使う大風呂敷はだいたい唐草模様と相場がきまっていて、三島のこの文章からその包みがわれわれにはありありと想像ができます。しかし、アメリカ人はそういう風俗習慣をご存じない。だからふとんそのものが唐草模様だと解釈してしまった。arabesque-patterned quilts などおそらくどこをさがしても見つからないでしょう。

教訓の3　外国の風俗習慣をよく知ること

ところで、また先ほどの訳例にもどって、その中には明らかなまちがいが一つあります。「腕をひねって」です。wrench はたしかに動詞では「ねじる、ひねる」にちがいなく、名詞になっても同じで、パイプ（管）をはさんでまわす（パイプ）レンチというスパナに似た道具もあります。しかし、with a wrench がなぜ「腕をひねって」になるのか。「パイプレンチを使って」という意味になることはあるでしょうが、議会へそんなもの持って行くわけはありません。どこにも「腕」という言葉はないが、帽子をとるのは手でするにきまっているから「腕」を読みこんだ？　いや、しかし、「腕をひねって帽子をとる」のもやっぱりおかしい。帽子をとるときにまさか「腕をひねる」ことはないでしょうし、そんな形容も聞いたことはありません。

wrench の意味が普通とはちがうのです。日本語でも「生木を裂く」が別れのつらさ、悲しさを形容するのと同じく、wrench も「ねじり取る」のアナロジーで、悲しい別離をあらわします。この文章を気をつけて見ると、taking it off（with a wrench）… resuming it（with a sigh of relief）と完全な対称をなしているのがわかるはず。with a sigh of relief が「ほっと一息」と気持ちをあらわすものなら、with a wrench も「つらいながらに」と持ち主の気持ちをあらわすと考えれば、ぴったりでしょう。おそらく学生は、wrench の普通の意味をなまじっか知っていたばっかりに、その先まで考えてみなかったのです。意味を一応知っている単語でも、おかしいと思ったら辞書で確かめなければいけません。

「先生ぐらいになると、ほとんど辞書なんかひかないんでしょうね」と学生や知人から、お世辞あるいは羨望をこめた言葉をきかされることがよくありますが、ぼくはひんぱんに辞書をひく方だと思います。妙に臆病で、わかっているけれどももしちがっていたら一大事と思うせいでもあり、適当な訳語を思いつかなくて、ワラでもすがるような思いで辞書を開いてみるせいでもあり……。翻訳をするときに辞書に出ている語義にたよりきってはいけないことは、今までくりかえし述べてきました。辞書をひくのは、言葉の概念、用法を知るためで、それが理解できたら、辞書に書かれていた語義は忘れろ。あとは自分でもっとも適切と思う言葉を見つけ出せ、と。適切な訳語は、辞書の中ではなく頭の中にあるのです。しかし、そうはいっても、辞書に出ている言葉がなにかのきっかけになってふと適訳を思いつく可能性は大いにある。ぼくが辞書を開いて、すでにわかりきったような言葉の行列に、なんとはなしに目を走らせているのは、そのためのことが多いようです。

教訓の４　辞書はこまめにひくこと

先ほどの wrench もそうですが、よく見なれた単語だけれども意味は別ということはよくあって、初学者はついだまされるから、くれぐれも気をつけて下さい。見なれているというのが落とし穴で、見たことがなければ必ず辞書をひくのに、見なれていることが油断をさそう。たとえば、

She had a wretched hand, and passed the bidding.

イヴリン・ウォー（Evelyn Waugh）の小説に出てきた文章ですが、「彼女は見すぼらしい手をしていて、命令をやりすごした」というような珍訳をしかねません。日本語の「手」にもいろいろあるごとく、英語の hand にもいろいろあり、ここは日本語と同じ使い方でトランプの「手」（手持ちの札）です。bidding もトランプ用語。もともと「入札で値をつける、せる」のが bid ですが、トランプのコントラクト・ブリッジ、ナポレオンなどで、何組取れるか最初に予想を宣言してせることも bid と言います。

彼女は手が悪いのでビッドを見送った（パスした）。

がほんとうの意味です。

レンチという道具だの、トランプの遊び方だの、英文を読んでいるとなじみの薄いことがたくさん出てきますが、翻訳とは因果な商売で、なにが出てきても知らないとは言っていられません。これはわからないからブランクにしておこう、では読者が承知しない。専門の学術論文は、もち

ろんその分野の専門家が翻訳します。一般書でも、ＳＦ、海洋小説、ファッション雑誌などなど、特殊な用語が多用される分野には、それぞれの分野を得意とする専門翻訳家が出てくるのは当然です。しかし、さらに一般的なものでも、たとえば新聞を考えてもわかるとおり、政治、社会、芸術、科学、スポーツなどさまざまな領域の記事があって、翻訳者はそのすべてに一応の対応はできなければなりません。翻訳者はオールラウンド・プレーヤーでなければならないということです。何か一つ専門領域を持っていることは大きな強みですが、たとえそれがなくても、広い常識の持ち主であることが必要でしょう。

その点で要注意なのは固有名詞の読み方。ある分野では誰でも知っているような名前をまちがって読んだら目もあてられません。たとえば、ある外国人の日本紹介の本に Tatsunosuke Akutagawa と書いてあれば、その人の日本に関する知識は信用できなくなるでしょう。それと同じで、たった一つの名前の読みちがいから、全体を評価されることになりかねないのです。

ぼくにも苦い経験があります。同僚のピーター・ミルワード先生の本を翻訳したときに、先生自筆のスケッチをさし絵に使ったのですが、その一つにオックスフォード大学の Magdalen College の建物をえがいたものがありました。ゲラにはさし絵がのっていませんから、その説明は版元にまかせっきりにして、本になったのを見たら、なんとマスダレン・カレッジとなっている。そのときの驚き！　スケッチに付記されたミルワード先生の説明を、編集部が読みとったらしいのですが、先生の書体は、時にｇがｓに見えるのです。それだけではなく、Magdalen をモードリンという不思議な読み方をすることは、英文学の関係者、イギリス通ならたいてい誰でも知っているでしょう。あとで読者からだいぶ手紙がきて、ほんとうに恥ずかしい思いをしました。

特殊な用語とか固有名詞とか、わからなければひとにきけばいいわけですが、自分で知っているほど強いことはないし、またひとにきかなければならないことかどうか、それがわからない、ということもあります。そこで――

教訓の5　できるだけ雑学を身につけること

さて、次なる例は、

The policemen had indeed long ago taken to helmets, because some Home Secretary had thought they would look more frightening.

（訳例）　警察官は昔たしかにヘルメットを愛用していたが、それはある秘書がそうでもしないとおびえているように見えると思ったからだろう。

この訳は落第。すくいようがありません。take to は「愛用する」よりは、「愛用するようになる」と言った方がよく、したがってこの文章は、「昔は愛用していた」ではなく、むしろ、「昔から愛用している」「ずっと以前から使うようになった」です。「昔はたしかに～していた」のなら、今はそうではない、の含みだと考えられます。次に

Home Secretary は、いうまでもなく内務大臣（内相）です。secretary ＝「秘書」にだまされてはだめで、これは教訓4の違反にあたります。大文字で書いてあるからヘンだと思いそうなものです。「そうでもしないとおびえているように見える」とはまたなんとしたこと。「そうでもしないと」にあたるものはなくて、言外の仮定をはっきり書くなら「そうすれば」ですし、frightening を「おびえている」などもってのほかで、frighten は他動詞で「〜をおどろかす」だから、「ヘルメットをかぶった方がおそろしげに見える」ということになります。このように他動詞に ing がついた形容詞は、学生がよくまちがえるものの一つで、その説明はあとにゆずります（202ページ）。

この訳例の誤りの発生源は、要するに英語を知らないということにつきます。日本人の日本語能力さえ人によってまちまちなのですから、英語の能力はましてまちまちです。翻訳でいちばん大事なものは日本語を書く能力で、これがなければお手あげ。はじめから翻訳など志すべきではありません。英語の能力は、極端な言い方をすれば、なくてもすむ。なにからなにまで外国人なり、専門家なりに意味をきいて、日本語を書くところだけ自分でやればいいわけですから。しかし、これはあくまで理屈の上のことで、実際問題としてはそうはいきません。なにからなにまできくという時間も労力もないし、かといって、自分の能力がなければ、何をきくべきか、それがわからない。やはり、いやしくも翻訳をしようというからには、かなりの能力がないと困ります。高校生ていどの英語の知識もないではすまされません。これはもう教訓のうちにいれるのはおかしいのですが、現実にはこの根本的条件にかなっていない翻訳者もいるようなので、あえていれるとして――

教訓の6　正確で十分な英語の力をつけること

つづいて、

Those tragedians were apt to prefer sombreros.

（訳例）　これら喜劇俳優はむしろソンブレロを好みがちであった。

これも話にならない、と言いたくなるでしょうが、しかしこの誤訳は無知によるものではありません。ごく単純な careless mistake。tragedy、comedy という単語がひんぱんに出てくるため、うっかり「悲劇」を「喜劇」と書いただけのことです。いやいや、「だけのこと」とすましてもいられません。実際に翻訳にたずさわってみれば、どれほどうっかりが多くて泣かされるかわかるでしょう。

先年、中世教会史を翻訳したとき、なにしろ大部な書物なので、大勢で分担し、それぞれが史学専門の外国人教授とチームを組んで仕事をしました。ぼくが一緒になったのはスイス人のB教授。日英独仏語が自由に使える先生で、原稿に目を通して、専門用語について、言葉の解釈について、いろいろ意見を述べてくれました。おかげでだいぶまちがいが見つかりましたが、その一つは、the Revolution（「フランス革命」）。なんたることか、うっかり「宗教改革」と書いていたのです。まったく冷汗もので、活字になる前に気がついてやれやれでした。しかし、今までに、気がつかずにそのまま活字になっている careless mistake は、さぞかしたくさんあることでしょう。自戒の意味もこめて——

教訓の7　注意に注意を重ねて原文訳文を読みかえすこと

先へ行きまして——

I always wished those others [less illustrious members of the cast] would combine to break loose and fly in the face of immemorial etiquette. But they never fulfilled my hope. Nowadays, not even the most eminent of actors rehearses in anything but what is called trilby.

まず状況を説明すると、昔は一流の俳優はシルクハットをかぶってけいこに出かけ、ほかのパッとしない連中はかぶらないのがエチケットだった。そのことについて著者の考えを述べたところです。

（訳例）　私は、こういった人たちが結束して、このシルクハットという昔からの礼儀作法から脱け出して反抗してくれることをいつも願っていた。しかし、彼らはこの私の願いをかなえてはくれなかった。このごろは特別にすぐれた俳優であるわけでもないのに、いわゆるトリルビー（ソフト帽）だけはかぶって下げいこをしたくないという者さえいる。

この訳はいけません。前のうっかりよりははるかに罪が重い。内容が著者の主張とまったく合わない。言いかえると、著者がこれまでどんな考えを述べてきたかをつかんでいたら、こんな訳が出てくるはずがないからです。しかも、この訳文の論理も支離滅裂になっています。著者はシルクハットを愛している。みんなもっとかぶってほしいと願っている――それが出発点にならなければいけない。昔は一流俳優だけがシルクハットをかぶってけいこに行くのがエチケットになっていたが、ぺえぺえの俳優もそんなエチケットなんぞぶっとばしてかぶればよかったのに……。それがどうだ、今は一流どころさえシルクハットをかぶらず、ソフトでなければいやだ、なんて言っている――こういう論旨にならなければ、つじつまが合わないでしょう。「シルクハットという昔からの礼儀作法から脱け出して」とか、「ソフト帽だけはかぶって下げいこをしたくない」とか、すべて逆です。もちろん英語の力が不十分のために、処々方々で意味のとりちがえをするのですが、英語の力以前に、この学生には論理的な思考力、常識が足りません。それがあれば、こんな誤りをおかすはずがない（この例文中の anything but については269ページを参照のこと）。

教訓の8　論理的に考え、常識を働かせること

翻訳書をチェックしていちばん驚くのはこのことです。常識的におかしいと思われることが臆面もなくまかりとお

っている。なぜ訳者がそれに気づかないのか。なぜ編集者はそれを通してしまうのか。

ところが誤訳の中には、読んでもそれと気づかないものもあります。いかにももっともらしくて、まちがいとは思えない。しかし、原文をよく見るとちがっている。これは始末が悪い。たとえば、

(訳例) 結婚式や葬式に時たまシルクハットをかぶって行く人がいる。そんな光景を見て私が喜ぶとお思いか、ぶつぶつ文句を言われるのは目に見えているが、あえてうれしくないと言いたい。

これはちっともおかしくありません。著者はヘソ曲がりなところがあるようだなと思われるだけで、ちゃんと筋が通っています。ところが、原文を見ると——

There is of course the occasional, the spasmodic fidelity of men going to weddings or funerals. My heart is gladdened at the sight of these? At the risk of seeming querulous, I protest that it isn't.

最初の fidelity は、もちろんシルクハットに対する「忠誠」で、それらしい表現が訳文にも出た方がいいのですが、それは大目に見るとして、問題は querulous。これは相手ではなく自分のことです。自分が querulous に見える危険をおかす。つまり、シルクハットをかぶる人がいなくなったことを悲しんでいたのに、時おりかぶっている人を見

るのが嬉しくないとはなにごとか、おかしいじゃないかと文句を言われるのではなく、かぶらなくなったと文句を言い、また、かぶっている人を見てそれにも文句を言う、ことごとに文句ばかりつけていると思われそうだが……という意味です。訳者は、原文の意味をはっきりたしかめずに、自分の考えが先走ってしまったんでしょう。たしかに、文句を言われるような状況だと思いこみたくなるところですが、その思いこみが方向を誤らせます。

教訓の9　みだりに先走りしないこと

学生の誤訳例をたよりに、次々に教訓を並べて九つになりましたが、こういう材料からは出てくるはずのない教訓が一つあります。それは、

教訓の10　わからないこと、不審なことは、ためらわずひとにきくこと

日本人だからイギリス人、アメリカ人ほど英語ができないのはあたりまえ。わからなくても少しも恥じることはありません。わからないままいい加減にごまかしておく方がよほど恥ずかしい。専門的な事項についても同じで、遠慮なくその道の専門家にきけばよろしい。この教訓を確実に実行するのが、誤訳をへらす格好の近道だと思います。

そこでぜひおすすめしておきたいのは、そんなふうに疑問の点をきけるブレーンをつくっておくことです。別に翻訳のブレーンになってくれとわざわざたのみこむ必要はあ

りません。ふだんは友人知人としてつき合っていればいい。いざというときに、ちょっと知恵を貸してもらうのです。大学の英語の先生なんていうのは、ふだんからつき合っておくのはかったるいし、ぼく自身のことをかえりみても、いざというときにあまり役に立たないことが多いから、気さくな外国人がいいんじゃないですか。

ただし、外国人なら誰でもいいというわけにはいきません。相当な教養を持っていることが必要です。逆の場合を考えてみればよろしい。日本語の本を外国人が外国語に翻訳するとして、誰か日本人のブレーンを紹介してくれとかりに言われたとき、大学生の中でその仕事ができそうな人は、ぼくの感じでは、そうたくさんはいないでしょう。それと同じです。簡単な言葉や表現の意味だけならまだしも、かなり面倒な文化的背景にまで往々にして立ちいたるのが、翻訳というものなのですから。そして、たずねられた方は、自分が native speaker であるというプライドから、はっきり知らないことまで知ったかぶりをする危険があるし、たずねた方も、native speaker が言っていることだから、まさかまちがいはあるまいと、全面的に信じてしまう。これでは、きかない方がましというものです。

外国の言葉や文化とは別の各種領域——教訓の5であげたいわゆる雑学についても、ぼくの場合、学問と遊びの両面にわたっていろいろと手を出してきたのが大いに役に立っている上、出身学校も仕事もちがう多士済々な友人がいるので、情報源に事欠きません。翻訳をやる上で、これは非常なプラスだと思います。そういう取り巻きをぜひつくっておくようおすすめします。リリーフにいいピッチャーがいるとわかっていれば、先発も全力投球ができるものです。今は、ネットで検索すればたいていのことはわかる世の中になりましたが、それでもブレーンを持っているに越したことはありません。

これできりよく10カ条の教訓が並んだわけですが、もう一度ふりかえってみると、自分で言うのもおかしな話ですが、どうもまだ物足りないところがある。どれをとってももっともではあります。しかし、たとえば、ひとが書いた注をうのみにするなと言っても、全部信用できないことはないはずだし、どれを信用しどれを信用しないかは、自分の方に判断の基準がなければだめです。辞書のひき方をまちがえるなと言っても、まちがっているかいないかの判断は自分次第。不審なことはひとにきけと言っても、自分でわかったような気になってしまったら、不審の起きようがない。という具合で、どれもこれも自分の知識・能力が前提に含まれているようで、結局、ほんとうに大事なことは、英語の力をできるだけ身につけよ、だけになってしまうかもしれません。

それでは、英語の力をできるだけ身につけ、先の10カ条を励行すれば、それでいいか。たしかに誤訳は減るでしょう。しかし、なくなることはない。神ならぬ身のかなしさ、ひとの傘を持って帰る危険がいつでもあるのと同じく、誤訳をおかす危険も消えはしません。誤訳というのは、自分で気がつかないから起こるので——あたりまえ！——気がつかないものを気がつけと言っても、なかなか言うとおりになるものではありません。自分で気がつかないものはどうする？　ひとの力を借りるほかないでしょう。
10カ条では物足りないと言ったのはここのところで、もう一つ大きな教訓をつけ加えておきます。

最後の教訓　できた翻訳をひとに読んでもらうこと

教訓の8でも触れたように、世の中には常識的におかしいと思われる翻訳がまかりとおっています。だいたいどの教訓の違反も、どこかにつじつまの合わないところが出てくるのが普通で、そうでない方が少ないと言っても過言ではないでしょう。したがって、この最後の教訓を実行すれば、今世に出ている誤訳は大半――ひょっとすると、あらかた――なくなってしまうことになります。そして、原文を照合するまでもなく、論理的・常識的におかしいのですから、読んでもらうのは、別にえらい大先生や英語の達人の必要はありません。ぼく自身経験がありますが、あとで冷静に考えると、なぜこんなバカなことを書いたのか不思議でしょうがない。訳している当人は、意外に冷静になれない、虚心に読めないものなのです。時には誤訳が誤訳を生み、増殖を重ねて、とんでもない化け物ができることさえあります。

むしろ平凡な人で、結構。良識を持った人、くもりのない目でありのままの文章を読みとれる人であればいい。そして、率直におかしいことをおかしいと言える人、たとえ訳者が経験豊かなもの書きや、りっぱな業績を持つ大学教授であろうと、また大事な友人、先輩であろうと、そんなことに頓着なく、欠陥を指摘できる人であることが必要でしょう。言葉をかえれば、「なんだ王様はハダカじゃないか」と無心に言える人でなければだめです。これは逆に言えば、世間にはハダカのくせにりっぱな衣裳をつけているような顔をした王様がたくさんいる、ということでもありますね。

第6章

まちがえやすい語句

——学校での教え方にも問題があるのでは

前の章では、誤訳を防ぐための教訓を10プラス1あげました。実例もあげているとはいえ、観念的な注意です。現実には誤訳とは具体的な語句について起こるものですから、少しでもそれを減らすために、まちがえやすい語句を並べることにします。今まで多年にわたり翻訳書をチェックしてきたあいだにとりわけ目についたものです。思いつくままで、決して網羅的ではありません。解説もつけ加えたので、英語に関する知識が多少ともふえればいいかと思っています。

catch と catch at

昔見た漫画の一コマ。探検家風の服装に捕虫網を携え、口ひげを生やしたおじさんが「わしは lepidopterist だ」と大見得を切っている。lepidopterist（レピドプテリスト）とは「鱗翅類学者」という意味の専門用語で、このおじさんがなぜそんなこむずかしい言葉を使ったかというと、ふつうに butterfly catcher とか butterfly collector と言えば、大の男が子どもみたいにチョウチョを追っかけているとバカにされる、それがいやで、かっこうをつけたわけです。実はかく言うぼくも学生時代 butterfly catcher のひとりで、ネット片手に首都圏から信州一帯の山野を歩き回ったものです。今でも居間や書斎の壁に飾られたチョウの標本を見て、訪ねてきた知人、編集者が感嘆の声をあげますが、珍しいチョウを目にしたときの緊張感、首尾よくつかまえたときの達成感、美しい標本に作りあげたときの満足感は、経験者にしかわからないでしょうね。
さて、そこで次の二つの文のちがいはわかりますか。

1. He caught a butterfly, but let it fly away.
2. He caught at a butterfly, but made it fly away.

1は簡単でしょう。「彼はチョウをつかまえたけれども、逃がしてやった」。たしかにチョウはネットに入ったのです。ところが、珍種と思ったのに、案に相違してどこにでもいるような駄物。こんなの標本にしてもしょうがないや、と逃がしてやったわけ。よくあることです。

では2は？　catch at はただ「つかまえる」ではなく、「つかまえようとする」です。He caught at a butterfly. あっ、珍種だ、と思ってネットを振った。ところが、緊張のあまり手元が狂ったか、木の枝がじゃまになったか、miss する。別の言い方をすれば He made it fly away. チョウはびっくりして逃げてしまった。彼の方からいえば「逃がしてしまった」。日本語ではこういうとき「逃げられ（てしまっ）た」とくやしさをこめて受身で言ったりもしますね。いや、これは1以上によくあることです。

それはそうと、let と make のちがいはどこにあるのか？　それは次項に回しましょう。

let と make――同じ「させる」でも……

let も make も文法で使役動詞と呼ばれるものです。使役とはなんだかこき使っている感じでいやなのですが、日本語の文法でも使役という言葉を使っているので、仕方がないとしますか。日本語の使役助動詞は「せる」と「させる」で、動詞の活用の種類によってそのどちらかを使うのはご存じの通り——と言いたいのですが、ご存じでない方が大勢いらっしゃる。「なんとかさせていただきます」という言い方が、謙譲のあらわれのつもりか、やたらにはやっていて、平気で「取らさせていただきます」などと言う。そんな人は英語の勉強よりも日本語の勉強を先にしろとどなりつけたくなります。「着れる」「起きれる」などラ抜き言葉に対して、「取らさせる」などはサ入れ言葉とでも言うんでしょうかね。もちろん正しくは「取らせる」です。

日本語の使役助動詞のうち「せる」を取り上げるとして、たとえば「行かせる」という表現。同じ「行かせる」でも内容的、感覚的には状況次第でかなりのちがいがあります。「希望通り息子をアメリカに行かせてやった」「息子をそちらに行かせます」。わかりますね、そのちがい。はじめのは、「希望通り」とある通り、息子の思うようにさせる、その自由にまかせる、行くのを許してやるの感じです。あとのは、息子がなんと言おうが、いやでも応でも、つまり命令する感じです。言葉は同じでも状況はちがう。

英語はそうではなくて、状況がちがえば言葉がちがう。let は本来「放置する」「ほうっておく」を意味する動詞でした。使役の動詞としても、そのニュアンスが出ずにはいません。let him go は「彼が行くままにほうっておく」で、「彼に行かせる」の中身は、行くのを許してやる、ということです。これに対し make の本来の意味は「作る」で、いつもそのあとにくるものを「作り出す」ニュアンスがあります。make him go なら「彼が行くという状況を作り出す」。作り出すのはこちらがやることで、彼に（彼の気持ちに）関係がありません。したがって、同じ「彼に行かせる」でも、こちらは許可ではなく、強制の意味合いが強いわけ（といっても、いつでも強制だとは考えないでください。大事なのは「作り出す」というニュアンスです）。

さっきの He let the butterfly fly away. はどういう状況か考えてみましょう。ネットの中に入ったチョウを指でつまんで取り出す。ところが大したチョウではないとわかって、放してやる。もちろんチョウは逃げたいから飛んでいってしまった。He made the butterfly fly away. はどうか。チョウが花に止まっているのを見つけて、えいやっとネットを振る。ところがもののみごとに失敗。チョウは、ほんとうは蜜を吸っていたいのに、恐怖のあまり飛んで逃げた。言いかえると、むりやり追い払われた。こういうことですね。

20 世紀初頭のイギリスの文豪 G. K. チェスタトンに、たしかこんな内容のエッセーがありました。天地創造のとき、神さまはいろんなおもしろい動物をおつくりになりました。ゾウとかキリンとかサイとか奇想天外な動物もいます。それぞれこの世に生まれ出たことを喜んでいるのですが、その中でカエルはぴょーんと跳べたことが嬉しくて、思わず “He made me jump!” と叫んだそうです。He はもちろん神さまで、この意味は「神さまは、ぼくを跳べるようにつくってくださった！」ということになりますが、それだけでは片づけられないのが、翻訳のむずかしさ、おもしろさです。実は make someone jump は、「びっくりさせる」という意味でもある。日本語でもびっくりしたこと（びっくりさせられたこと）を「とびあがった」と言うでしょう。それですよ。カエルのせりふは、「あぁ、びっくりしたぁ！」という意味もこめられているわけ。いったいこれはなんと翻訳すればいいんですかねぇ。「わぁっ、とびあがっちゃったよ！」ぐらいかな。

使役の動詞 let について、ちょっと変わった、しかし大事なイディオムがあります。それは、**let alone**。

let は使役の動詞として、たとえば I let him go.「私は彼を行かせてやった」のように使われますが、let のあとに動詞以外のものがくることもあります。そのときは、人を使って何か役（仕事）をさせるわけではないので、使役とはちょっと言いにくいのですが、前に説明したとおり、let はもともと「放す」「ほうっておく」という意味の動詞だったことを考えると、べつに不思議なことではありません。方向を示す副詞や一部の形容詞をつけることが可能です。たとえば、

We let the bucket down.
私たちはバケツを下におろしました。

She let her cat out.
彼女はネコを外に出してやった。

Don't let the dog loose!
その犬を放さないで。

Please let me alone!
私をひとりにさせてください。

といった具合。

ところで、イディオムの let alone ですが、形の上では let (me) alone の let alone と変わりはありませんが、意味も使い方もちがいます。実例を見ましょう。

He lacked the courage, let alone the skill.
彼にはその勇気がなかった。まして、技術などなかった。

The baby can't walk, let alone run.
赤ちゃんは歩けない。走れないのはいうまでもない。

このとおり not to mention というイディオムと同じ意味、使い方と見てさしつかえありません。

同じ言葉なのに「ほうっておく」から「まして……でない」とは、どうしてこんなに変わってしまうのかと思うかもしれませんが、よく考えると、そうでもないのです。

その移り変わりを考える前に、まずイディオム let alone の形の説明をしておきますと、実はこれは命令法です。ただし、命令の意味合いはもう消えています。英語ではほかにもそんな動詞があって、たとえば suppose もそのひとつ。

Suppose you were rich, ～
Suppose we go to bed, ～

これは命令ではなくて、「もし～なら」「かりに～として」という意味ですね。let alone の場合も、「～せよ」から「～すべきだ」「～するのがいい」となったのでしょう。Let's enjoy translation. の let's（let us）もそうですね。もとは命令なのに「～しよう」になりました。

そしてその意味の移り変わりですが、「ほうっておけ」から「まして～」まではそう遠くないと思います。ぼくは文法学者でも言語学者でもないので、これはただの想像にすぎませんが、「ほうっておく」というのは「かかわりを持たない」こと。そこからさらに「考える必要がない」「口にするには及ばない」「言うまでもない」つまり「まして～ではない」に進むのは、むしろ自然な流れではないでしょうか。そう思って手元の *Oxford Advanced Learner's Dictionary* をひいてみたら

let alone → without considering

とありました。やっぱりね。

以上が let alone の説明です。しかし、なぜことさらにこのイディオムをこの本で取り上げるのか。それには深いわけがあります。世に出ている翻訳書を見ると、let alone がわからなくてまちがえている例が多いこと、多いこと、ほんとうに驚くばかりなのです。そして、そんなふうにま

ちがいが多いわけも、ぼくにはなんとなくわかるような気がします。それは、学校でちゃんと教えないから。

実は、昔の中学（今の高校まで含まれる）の英語の授業に let alone は出てきませんでした。*SOD*（*Shorter Oxford English Dictionary*）には colloq. すなわち「俗語」と説明されているとおりで、not to mention にくらべて俗っぽい言い回しであることはまちがいなく、きちんとしたイギリス英語しか教えなかった昔の授業には出る幕がなかったんでしょうね。ぼく自身このイディオムにぶつかったのは、戦後もだいぶたって、いろいろな英語の本を読むようになってからで、へぇ、こんな言い方があるのかとびっくりしたものです。おそらく、もろもろの年配の翻訳者も、単語自体はちっともむずかしくないこの言い回しに――しょっちゅう出てきます――びっくりしたにちがいない。びっくりしたら辞書をひけばいいのに、それをしないでいい加減にごまかした。多分そんなところでしょう。

以下参考のためえらい先生方がどんなおかしなミスをしでかしているかを紹介します。

Resources have required little protection as long as they were little used, let alone abused.

資源は、それらが誤り用いられた場合は別として、あまり用いられないでいる限りは、ほとんど保護を必要としなかった。

There is a good deal of argument about ～, let alone about what they should be.

〜についての議論は無数にある。それらの本質についてはここでは触れないでおこう。

... its value would not be constant (let alone universally supreme) ....

その価値は一定ではなく（一般的にその価値が卓越したものであることは言うまでもない）……。〔せっかく、「言うまでもない」と書きながら、ねえ〕

... one looks in vain for advertisements 〜, let alone for books and articles 〜

〜の広告は見あたらず、書物や論文が〜しているだけだった。

The five billion people on Earth today (let alone the eight billion in 2025) could enjoy 〜

現在地上にいる 50 億の人びとは（2025 年になったときの 80 億人はしばらくおくとして)、〜を享受できる。

Carbon dioxide emissions are the greatest threat to human well-being (let alone to the rest of life on Earth).

二酸化炭素の放出は、（地球上の他の生物はともかく）人間の幸福にとって最大の脅威である。

have も使役動詞？

いつまでも使役関連で飽きがくるかもしれませんが、もうしばらくの我慢。学校では、have も使役動詞の一つと教えられるでしょう。そして make とちがって have は「〜してもらう」という意味合いだと教えられるんじゃないでしょうか。そうにちがいありません。でもね、何かをしてもらうんじゃ、とても「使役」とは言えないような気がしませんか。

have について、いかにも「使役」っぽい「させる」はまずいからといって、ある翻訳書で見た

I would not have my readers expect it.
私はそれを読者に期待したのではない。

なんてのは、とんでもない的はずれですが、とにかく have が「読者にそんなことを期待してもらおうとは思わない」あるいはもっと今風（?）に「そんなことを期待していただこうとは思わない」といったやわらかい控え目な表現になるのは、いったいどこからくるのか。それをちょっと考えてみようと思います。

英語の have は百面相と言っていいような多彩な顔を持っています。前にも一度ならず書いたことですが、改めていくつか例をあげましょう。

have a strange stamp　　have two cars

have six legs　have a long nose
have two children　have a headache
have the goodness to ～　have breakfast
have a good time　have a walk
have an idea　have a fear　…

もうなんでもありの感じです。もちろん、have の基本的な意味は「持つ」「所有する」ですが、英語ではいろいろなものについて「持つ」という表現ができる。日本語はそうではありません。「珍しい切手を持っている」とか「車を2台持っている」とか、はっきり所有が前面に出る場合もありますが、むしろそうではないことの方が多い。「脚が6本ある」とか「鼻が長い」とか「子どもがふたりいる」とか「頭が痛い（頭痛がする）」とか、そのときどきに応じていろいろに表現します。しかし、表現はいろいろでも全部に共通する概念が裏に隠れているんじゃないでしょうか。それは「主体がある状況のもとにある」「一定の状況ができている」ということです。研究社の『新英和大辞典』第6版にこんな解説が出ていました。

日本語では能動的にある物を所有しているというような積極的な表現ではなく、客観的にそのような状態になっているといういい方になる。

それに対して、英語をはじめとするヨーロッパ諸語では「ある者が何かを所有している」という動作主と動作の目的語との所有関係を明示する表現が使われる。

(余談になりますが……日本語の辞書を引くだけでなく、読むのはとてもおもしろいものだとよく言われます。英語の辞書もそうですね。読んでいると、目を開かされるようで得をした気持ちになることがよくあります。ただし大きな辞書でないとだめ。)

いかがですか？　欧米人は能動的、主体的、自力本願的、自己中心的な言い方を好むのに対し、日本人は、どちらかというと受動的、客体的、他力本願的、他者中心的な言い方にひかれる、と考えてもいいかもしれません。正直言って、学校ではこんなことこそしっかり教えてほしいものです。そこまでの期待はむりとしても、せめて have ＝「持つ」と一義的に結びつけてしまうようなことはやめていただきたい。それが頭にこびりついているからこそ、「会議を持つ」なんて奇妙きてれつな日本語が横行するようになったんじゃないかと、ぼくはにらんでいます。

もちろん、have を「持つ」としなければならないことはあります。先ほど「have は多彩な顔を持つ」と書きましたが、これは絶対に「持つ」でないと困る。ただ翻訳者を目ざそうというような人は、have は所有よりも状況だという意識を持つ（ここは持つ）ことが必要ではないかと思うばかりです。それがあれば、たとえば「恐怖を持つ」というようなおかしな日本語訳はしないでしょう。

ここで使役（?）の have にもどります。have the readers expect ... を今言った have の含意を考えた上で日本語で説明すると、読者が……を期待するような状況ができている、ということになりますね。それを他力本願的に言いかえれば「読者に……を期待してもらう」です。

つまり、あまりシエキ、シエキと考えなくてもいいわけで、だいたい have には目的語のあとに動詞不定法だけでなくいろいろなものがつきます。すべて同じような考え方で処理できるでしょう。

過去分詞　a）I had my purse stolen.

　　　　　b）I have my diary written up.

現在分詞　We have a lot of visitors coming.

過去分詞a）の場合は「財布を盗まれた」と受身になり、b）の場合は「日記を書いてしまった」と完了の意味になります。どうなるかは文脈で判断するほかありません。

interesting──「おもしろい」はなぜ進行形？

進行形とはもちろん ～ing です。といっても king や thing は進行形ではないし、singing は sing の進行形ながら、sing は s の進行形ではありません。これは冗談。進行形とはあくまでも動詞に ing がついたものです。そして、それが形容詞として使われる場合、現在分詞と呼ばれることはご存じでしょう。interesting はまぎれもない進行形現在分詞で、動詞の interest に ing がついたものです。意味は「おもしろい」。進行形とは何か。文字通り、何か動きが現に進行していることを示す形ですね。大西泰斗、ポール・マクベイ著『ハートで感じる英文法』（NHK出版）はなかなかおもしろい本で、説明のうまさにたびたび感心させられるのですが、この本に進行形の基本イメージは躍動感と書いてあります。なるほどねぇ。singing bird（鳴いている鳥）は、くちばしをあけたりとじたり、胸をふくらませ、震わせ、まさに躍動ですよ。しかし、鳥につくほかの形容詞、たとえば black bird（黒い鳥）の場合、black（黒い）は全然躍動などしていませんから、進行形にはならない。だいたい物の性質をあらわす形容詞はすべてそうです。「おもい」（heavy）でも「しろい」（white）でも、その物に「重さ」、「白さ」をもたらすタネが備わっていると考えていいでしょう。beautiful「美しい」など一目瞭然、beauty「美」が full「いっぱい詰まっている」わけ。備わっているとか詰まっているとか、要するにそこに存在しているだけのことで、動きとはまるで無縁です。

それなのに「おもしろい」interesting は、どうして動きが進行し、躍動感のある進行形なんでしょう？

ハシビロコウというちょっとグロテスクな変な鳥がいます。動物園で見た人がきっといるでしょうが、くちばしが平べったいコウノトリの一種です。実におもしろい鳥。なにがおもしろいかというと、ピクリとも動かないところがおもしろい。銅像のように、じーっとしていて、見物客は、いつ動くか、いつ動くかと、こっちもじーっと息をひそめて見ている感じです。この「おもしろい」は進行形どころか、もしあるなら静止形であらわしたいくらい。たしかに「おもしろさ」のタネは備わっているのです。重ねてききます。それでいてなぜ進行形なのか？

タネ明かしをします。先ほど例にあげた singing と interesting のあいだには、重大なちがいがあるのです。

sing は自動詞とよばれるもので、同じく動詞といっても、その動きが自分以外に及びません。「歌う」だけでじゅうぶん意味がわかり、対象（目的語）を必要としないのです。それにひきかえ interest は他動詞で、他に行為が及ぶ。意味をいえば、「誰かをおもしろがらせる、おもしろいと思わせる、誰かに興味を抱かせる」です。interesting bird は、決して、おもしろい、おもしろいと言いながら躍っているわけではなく、たとえばハシビロコウなど、じーっと動かないようでいながら、見ている人の心の中のおもしろボタンをずーっと押し続けている、と考えればいいでしょうか。そして押されている人は、この鳥のことを「おもしろい」と感じるわけ。進行形を使う理由はそこにあります。

ここまではいわば前置き。わかりきったことを書くなと言われそうですが、いやいや、わかっていない人が結構いるもんですよ。このあと引き続き、翻訳者の心得るべき大事な話に入ります。

エキサイトするって、へんじゃない？

interest、そしてそこから作られる分詞形容詞 interesting のほんとうの意味は、上述の通りで、これに類する言葉はたくさんあります。おなじみのものをあげれば、surprise、surprising もそうですね。surprise は他動詞で「(人を) 驚かせる」。決して「驚く、びっくりする」ではありません。したがって surprising は「(人を) 驚かせるような」で、逆に驚かされる人の側からいえば、「驚くべき」となります。これは interesting が「(人を) おもしろがらせるような」あるいは「(人に）興味を抱かせる」から、逆方向に「おもしろい」「興味深い」になるのと同じです。この種の動詞で主体自身の心理状態をあらわすのに受動態（過去分詞）を使うのは、そういう状態にさせられていることからして当然でしょう。interested、surprised、pleased、satisfied、confused などなど、例はきりがありません。

ところで、この他動詞に ing のついた形の形容詞はなかなか厄介で、それにまつわる誤訳はずいぶん多いものです。ぼくは雑誌に「欠陥翻訳時評」を 20 年間毎月連載し、単純に計算しても 2000 冊近い翻訳書をチェックしたことになりますが、語句の誤訳については、これが最多発生領域の一つのような気がします。目的語がついていれば、まず問題は起こらない。しかし、目的語抜きで使われることが多くて、そのときつい自動詞のように思ってしまうんですね。また、日本語でこれを正直に表現しようとすると、bewildering→「当惑させられるような」といった具合に使役や受身を使って回りくどくなり、文になじまないことも原因の一つかもしれません。interesting＝「おもしろい、興味深い」のようにおぼえこんでいれば、これが他動詞であることはまるっきり意識にのぼらないわけで、その限りではまちがえない反面、ほかの場合にかえって支障になるということもあるでしょうか。

昔、学生時代に友人と北海道に旅行したときのこと。牧場で馬が、発情期のせいか、しきりにはね回っていました。それを見た友人が、「あれっ、エキサイトしてるね」と言う。ちょっと妙な気がしたのは、エキサイトのエにアクセントを置いて発音していたからだけではありません――「興奮しているのつもりで言ったんだろうけど、excite は他動詞じゃないか」と思ったのです。ところが、その後広辞苑を見たら、カタカナのエキサイトまで載っていて、なんと、エキサイト→興奮すること、「観客が―する」とある。日本語の「エキサイト」は完全に自動詞扱いのようですね。しかし、翻訳ではそれはまずい。これ、なんと訳しますか。

an exciting tone of speech

つい「興奮した口調」とやりたくなりますが、exciting は言い方をかえれば causing excitement、つまり「聞く者を興奮させる（わくわくさせる）ような口調」です。「興奮した口調」ならどうなりますか。そう、

an excited tone of speech

ですね。ではこれは――

I found him discouraging.

がっかりしているのは誰でしょう？（正解　あいつにはがっかりだった〔がっかりさせられた〕。つまり、がっかりしているのは私。）

Peanuts are fattening.

ピーナッツ（落花生）はおかしな植物で、その名の通り地上で咲いた花が垂れ下がって土の中にもぐりこみ、そこでだんだん大きく育ってナッツになります。しかし、この文は別にそんなことを言っているんじゃないですよ。fatten は他動詞「太らせる」。したがってこの意味は、

ピーナッツは、食べると太る。

「食べると」とはどこにも書いてありませんが、こうしないとかっこうがつかないから入れたまでです。

もう一つ、ちょっとむずかしい問題を――

He felt a debilitating passion of resentment.

知らない単語は辞書で調べればわかりますが、どんなふうに readable な日本語にするかにくふうが必要でしょう(答は次頁)。

ついでに参考のため目ぼしい誤訳例をあげておきます。どこがまちがっているかを考え、正しいと思う訳を書いてみてください。

a society, often deeply alienating
非常に疎遠にしていることが多い人たちとのつき合い

hopelessly disappointing husband
望みを失った絶望的な夫

… as I had become somewhat irritating to him
私は彼に対していらだちをおぼえたので

(試訳)
往々にして深刻な疎外をもたらしがちな社会

どうしようもなく期待はずれの夫

彼は私のことがなんとなくうるさくなってきたようで……

till と by——この似て非なるもの

時をあらわす前置詞の till (until) は、別に問題ありません。英英の辞書をひくと、

前頁答 「彼は激しい怒りを覚えて、気力も失せた」。「気力も失せた」の代わりに「気持ちも萎えた」もいいでしょう。「彼は憤慨して弱くなった情熱を感じた」なんてバカな意味不明の誤訳をしないこと。debilitating は辞書に「(病気・天候などを) 悪化させる、衰弱させる」とあります。そのとおり debilitate は他動詞ですが、その対象はいったい何なのか考えなければいけない。彼自身、ないし彼の気持ちですね。

until : up to the time when ～

とあります。つまり、「～（の時点）まで」ですね。ところが、世の中には by も似たようなものだと思いこんでいる人が多いようで、誤訳の頻度は横綱級と言ってもいいでしょう。

典型的な例から始めます。

By 1870 matters were, essentially, in some chaos.
1870 年までは、事態は基本的に混乱の渦中にあった。

'Gas-guzzlers' were back in fashion by the mid-eighties.
ガソリンをがぶ飲みする車が、1980 年代半ばまででしゃばっていた。

あとの例の状況を説明します。1970 年代半ばの石油ショックで、人びとは危機感を抱いたけれども、それもあまり長続きしなかった、とあって、その次の文章がこれです。全く理屈に合いません。実はこの翻訳をしたのは超有名なテレビキャスターで、状況はよくわかっているはずなのに、こんなバカなことを書いて平気でいる。by のまちがいのおそろしさです。実はぼくの弟子の中でも優秀な人がころっとまちがえたりすることからしても、この誤りはよほど根が深いと考えざるを得ないのですが、そのルーツはいったいどこにあるのか。それも学校での教え方に多少不十分なところがあるせいだという気がしてなりません。

おそらくほとんどすべての人が、学校で時を示す前置詞 by の意味は「〜までに」だと教えられるでしょう。それはそれでまちがってはいないのです。ところが「〜までに」「までに」と後生大事に唱えているうちに、いつのまにか「までに」の「に」が落っこちてしまう。たった1字のあるなしのちがいながら、その1字はたいへんなちがいです。早い話、

1. 店は今月末まであいています。

2. 店は今月末までにあいています。

のちがいは誰だってわかるでしょう。

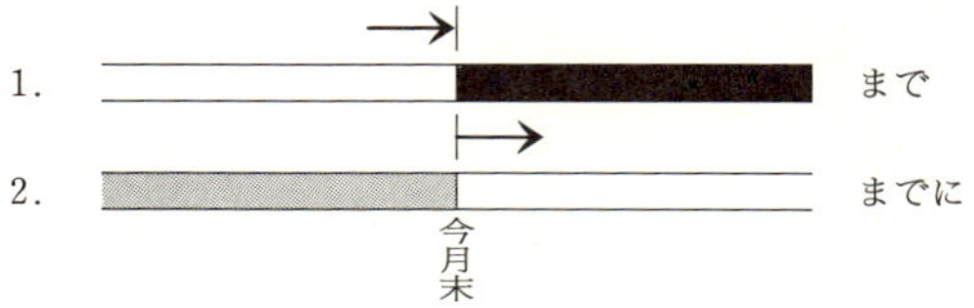

図に書けば上のとおりで、今月末を境に1はそのあと黒、2はそのあと（もしかするとその少し前から）白で、ほとんど正反対と言っていいでしょう。

混乱が起きるのは、両方とも「まで」を使うからにきまっています。till の「まで」はほかに言いようがないから仕方がありませんが、by は別に「までに」のように「まで」を使う必要はないのです。英英の辞書に by はどう説

明されているか——

by : already … (at, on, in) ; not later than ～

つまり、「(ある時点では) すでに」です。「～にはもう」と言ってもいいし、「すでに」や「もう」はなくてもさしつかえなし。先ほどの文章で言えば、

店は月末にはあいています。

でちゃんと通じるでしょう。たしかに「この仕事あすまでに片づけといて」のような場合、「まで」をつけた方が通りがいいにちがいありませんが、不必要の方が多いと思います。歴史関係の本を見ると、年代をあらわすのに使われる前置詞は圧倒的に by が多いようです。先ほどの例文にも By 1870 … というのがありました。これはぼくの想像ですが、in、at、on などはピンポイントで時が指示されるのに対し、by は not later than ～、つまり「ある時点より前」と、時間に幅がある、言いかえれば余裕を持たせられるので、記述に都合がいいからじゃないでしょうか。この点、by は場所の前置詞としても「～の側《そば》」であることに通じますね。そうしてみると、たとえば by then ～というフレーズなど「そのときまでに」よりも「その頃には」の方が、はるかにわかりやすく、自然であることが納得できるでしょう。とにかく、by が出てくるたびに「～までに」とやっていたら、こっけい極まる文章になることまちがいありません。

で、先ほどの誤訳を修正すれば、

1870年には、事態は本質的に混沌の様相を呈していた。

1980年代中頃には、「ガス食い」車がまたぞろはやってきた。

off、on が「切」「入」とはどういうわけ？

電気のスイッチは、英語では off、on となっています。日本語では「切」「入」、つまり、「スイッチを切る」「スイッチを入れる」です。これ、なんだかへんだと思ったことはありませんか。off に「切る」なんて意味あるのか、on が「入れる」だなんて教わったことないぞ、と。

日本語からいきましょう。「スイッチを切る」は、左図の通り、たしかにぐるっとつながった回路が途中でプッツリ切れます(切れるのは回路であって、スイッチそのものが切れるのではない、なんて理屈はこねないこと)。「スイッチを入れる」はどうか。これはスイッチの金属片を、受けの中へスパッと入れるイメージでしょうかね。そう考えれば、なるほどです。

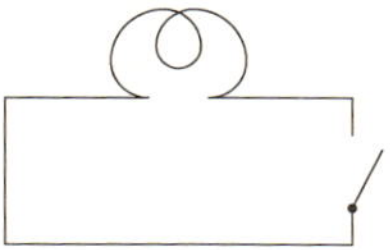

これに対して英語の off、on は、本来どういう意味なんでしょう。

off について

off はそのままカタカナ語として日本語にもよく出てきます。シーズンオフとかプライスオフとか。これは実は前後逆で、ほんとうはオフシーズン、オフプライスでなければならないのですが、意味はまちがっていません。試合や興行が行なわれない時期、値段の割引ですね。サッカー熱が盛り上って、誰でも知っていそうな言葉はキックオフやオフサイド。これも英語のままです。

さて、これらすべての off の根っこにある意味は「離れている」です。もうずいぶん昔のことになりましたが、戦争が終わってアメリカ軍が駐留していたとき、あちこちで目にしたのは OFF LIMITS の標示でした。これが「立入禁止」の意味であることは間もなくわかりました。つまり、ここが限界（limit)、ここから離れて（off）いなさいということですね。何によらず本来の、あるべき場所や物から離れているのが off、仕事から離れている、仕事がなくて休みなのもそうです。値引きはもともと 10% off the price というような形で、正価からのへだたり、離れ（取り去られた分）をあらわしています。kick off は中心に置かれたボールを、そこから離れたところへ蹴り出すこと、off side は自分のいるべき side（陣営）から離れてしまうことです。電気の switch off は、もう説明するまでもないと思いますが、金属の切片が接点から離れるから off ですね。

off the price のような場合、off は前置詞、kick off のような場合、副詞ですが、品詞はどうあれ、基本の意味に変わりはありません。kick off でなくて、throw off ならどうか。ちっともむずかしいことではないでしょう。離れたところへ投げる、つまり、ほうり出す、捨て去る、かなぐり捨てる、というようなことだろうと、誰でも想像がつくと思います。ところが、

Servetus had thrown off the idea that ～
セルヴェトゥスは～という考えを述べている。

と翻訳する人が出てくるから不思議です。

throw off はすぐにイメージが頭に浮かぶから簡単ですが、動詞が別のものに変わるとどうか。例文を二つあげます。

[The cold sweat had stood on his forehead.] But he walked it off.

He fought off the realization of what he had done.

いかがですか。わかりますか、これ。ちなみに翻訳書を見ると、こうなっています。

〔冷たい汗の滴りが額ににじむのであった。〕併し彼はそれに堪えて歩き続けた。

彼は自分のやったことと闘った。

まるっきりおかしいでしょう。off の基本的な意味がきれいに消えてなくなっている。正しくは、

……歩きながら汗をふり払った。

自分のやったことをしゃにむに意識の外へ追い出した。

stamp off the snow もわかりますね。もちろん、「とんとん足踏みして（靴や足についている）雪を落とす」です。

on について

次は on。ほとんどの人にとって、on といえば「〜の上に」と結びつけられるでしょうね。英語を習い始めると間もなくそう教えられるから、むりもありません。でも、そんなふうに刷りこまれていることが、さまざまな誤解を生むもとになっているように思われます。大学の工学部の先生が、英語の説明に従って装置を組み立てたのに、どうしてもうまく作動しない。思案にあまって英文科の先生のところへききに行ったら、on を部品の上方、離れた所と解釈していたためだったという、笑うに笑えぬ話がありました。

中学でごく初めの頃に出てきた文章は、There is a book on the desk. でした。これはたしかに「机の上に本があります」としか言いようがありません。けれどもそれでおしまいにしてもらったら困る。There is a fly on the ceiling. っていう文章もあるんですよ。いったい日本人の

誰が「天井の上にハエがいる」と言いますかね。天井の上じゃ天井裏になってしまう。

だいたい日本語の「上」という言葉は、位置関係についても、すぐ上に載っていたり、はるか上に離れていたり、あいまいですし、そのほか「その上に」とか「かくなる上は」とか、実に複雑な使われ方をする守備範囲の広い言葉ですから要注意。そして英語の on はもともと「上」という位置関係を示す言葉ではないので妙なことになるわけです。では on の基本的な意味は何か。「接している（くっついている）」です。英語の辞書を見れば、まず最初に touching a surface、attached to といった説明が出ています（もちろんこれは基本であって、そこからさまざまな意味合いが派生してくることは言うまでもありません）。

だから There is a fly on the ceiling. で少しもおかしくはないどころか、理の当然でしょう。ハエはちゃんと足を天井につけているんです。そして電気のスイッチの場合は、金属片を接点にくっつけるのが switch on ということになります。本来の意味からして off と on はまさに正反対ですね。on は under の反対じゃありませんよ。スイッチなら on、off は「入」「切」だし、衣服など身につけるものなら put on に対して put off「着」「脱」です。

「接している」のが点や線から面にひろがると「面している」です。シェイクスピアが生まれたのはどこか知っていますか。Stratford-upon-Avon。upon は on と同じ。どういうことか説明すると、エイヴォン川に面した、つまりエイヴォン川の畔のストラトフォードです。The window opens on the lawn. は「窓は芝生に面している」、言いかえると「芝生に向かって開いている」。Japan was seeking a window on the western civilization. は「日本は西洋文明に向かっている窓を——つまり、西洋文明への窓口を——求めていた」。ある本に a window on the world とあるのが、翻訳では「世界の上の窓」になっていました。どういうことなんですかね。世界の上に天窓があいている？

a book on butterflies と a book about butterflies のちがいはわかりますか。どっちも「チョウに関する本」であることに変わりはありません。しかし、前者は専門的、学術的、後者は一般読者向けの感じがします。それは、on が対象に取りついているのに対し、about は「アバウト」とよく言われるとおり「〜のあたりの、およそそのへんの、〜を取り巻く」という意味合いだからでしょうね。学術論文のタイトルには on〜 がしょっちゅう使われますし、speak、write というような動詞のあとにも「〜について」の意味で on がよく出てきます。そこでこっけいな話を一つ。翻訳に関する本の一つの章のタイトルが “Translators on translation” でした。なんとその翻訳が「翻訳上の翻訳者」。翻訳の本だというのにナンセンスきわまる翻訳です。あきれて声もなかったのですが、さてみなさん、本のタイトルだからこその簡潔で気の利いたこの言い回しをどう訳しますか。そう、「翻訳者、翻訳を語る」ぐらいでしょうかね。

接触して何かが支えになっているとき、その支えになっているものを on〜 であらわします。英語の辞書には、その on について supported by という説明が見られます。

典型的な例は stand on one’s own feet。立つのは足で立つんだから当り前の話じゃないかと言われそうですが、これは人の世話にならない、自分のことは自分ですることの比喩的表現で、日本語でも同じように「自分の足で立つ」「自立する」という言い方があります。ともあれ、この on を「上に」と考えたら、stand on one's head は妙なことになります。「頭の上に立つ」??? もちろん「逆立ち」ですね。頭で支えているわけ。

では on all fours はわかりますか。例文をあげると

Father would go down on all fours on the nursing floor.

これを

お父さんは毎日4時に子ども部屋へ降りて行った。

と訳したのは、今までにぶつかった珍訳の中でもベストテンに入ることまちがいありません。all fours は両手両足の合わせ4本のこと。go on all fours はそれで体を支えているんだから、つまり「四つん這い」ですね。したがってこの文の訳は、

父は子ども部屋でよく四つん這いになってくれた。

to lie on one's back は「仰向けにねる」、to lie on one's side は「横向けにねる」、to lie on one's face は「うつ伏せにねる」――もう考えるまでもないでしょう。そして

on one's knees もこんなふうに説明をきいたあとに示されればすぐピンときますが、何も知らずにいきなりぶつかると、とんでもない訳をしかねません。

When Hector [dog's name] was sick Sir Alexander was there first, on his knees with a page of *The Times*.

Sir Alexander は女友だちに気に入られようとその飼犬の世話怠りない青年です。この英文に対するある学生の訳。

ヘクターが病気になると、アレキサンダー卿は最初にそこにいて、膝の上に『タイムズ』のページをひろげた。

『タイムズ』をひろげてどうするんだ、ときいたら、「退屈だから新聞でも読むんじゃないですか」!!!　正しくは、

ヘクターが吐き気をもよおすと、サー・アレグザンダーはまっ先に駆けつけて床に膝をつき、新聞をひろげるのだった。

学生時代に英作文の課題に「走る凶器」という言葉があって、苦しまぎれに a running weapon とやったら、小稲義男先生（研究社『新英和大辞典』第5版の編集主幹）が a weapon on wheels と教えて下さり、なるほどうまい言い方をするものだと感心したおぼえがあります。それを踏まえての話題ですが、

The ant is like a ganglion on legs.

に対する某氏の訳が

アリは歩脚の１個の神経節のようなものである。

となっていました。なんのことかまるでわからない。ganglion（ガングリオン）は医学の専門用語で、俗な言葉でいえば「ぐりぐり」でしょうか。要するに、アリの体が頭・胸・胴と極端にくびれていることをそうたとえているわけです。では on legs は？　on wheels を思い出して下さい。それが「走る～」なら、これは

アリはまるで歩くぐりぐりだ。

でどうですか。あるいは、「ぐりぐりに脚が生えたようなものだ」でもいいでしょう。

以上 on について。つづいて on に e プラスの one。

one は「ひと」？

いや、「ひと」じゃない、「ひとつ」だとまぜっかえすのはこの際やめにしておきます。ところでみなさん、不定代名詞の one については、きっと「人」と訳すように学校で教えられたでしょうね。それってちょっとへんだと思ったことはありませんか。生徒の分際で、先生にそう言われ

たらへんもへちまもない、そのまま受け入れるしかなかったかもしれません。でも、考えたらやっぱりへんですよ。第一、「人（は）」という言い方はそうやたらに、単純に使えるものではない。はっきりしないというか、納まりが悪いというか——たとえば One must observe the rules. をかりに「人は規則を守らなければならない」とします。この日本文を読めば「人」ってなんだという感じがするでしょう。どうしても「人はだれでも」というような具合に補いたくなります。

もう一つ、もっと大事なのは、日本語で「人」とは他人を意味することが非常に多いという事実です。だからこそ「ひと事」は「他人事」とも表記されるわけ（これを「たにんごと」と読んだりしないで下さい）。ほかにもいろいろあります。「人迷惑もかえりみず」「人目を気にする」「人の噂も七十五日」「人は人、自分は自分」などなど（実は、こういうことがあるので、ぼくは「他人」を意味する「ひと」には、ふだんは「人」を使わないことにしています）。そこで、たとえば One thinks so. を「人はそう思う」とやったら、「ほかの人はそう思うが、自分はちがう」という意味にとられかねません。

昔、ある学生が one を「人は」と訳したのを、ロゲンドルフ教授がきびしくとがめられました。英語でなぜ one を使うか。それは主語をはっきり出したくないからだ。日本語は主語をはっきりさせない言い方が得意なのに、なぜわざわざ「人は」などと主語を入れるのか、と。そうなんですねぇ。「人は（だれでも）規則を守らなければならない」なんてする必要は毛頭ない。「規則は守らなければならない」で結構。

ただ、「人は〜」は言い方としてははなはだまずく、誤解を生ずるおそれがあるにしても、まちがいときめつけることはできません。ところが、ここからほんの一歩踏み出すと、正真正銘のまちがいになるからこわい。

Though one begins the history of money with the invention of coinage ... this is quite arbitrary.

貨幣の歴史を鋳貨の発明をもって始める人がいるけれど、これはまったく専断的である。

原文はガルブレイス、翻訳は最近亡くなった著名な経済学者ですが、これがまちがいであることに気づいた人、あるいは今読んで気づく人は少ないかもしれません。しかし、実は、まちがいもまちがい、途方もないまちがいなんです。先ほど one を「人は〜」とするのはまちがいとはきめつけられないと書きました。それは「人は〜」の中に自分も入っていると考えられなくはないからです。ところが「〜する人がいる」、あるいは「ある人は〜」の中の「人」には、よほど変屈な、あるいはふざけた人の言明でない限り、自分が入っているとは考えられません。英語の one は絶対にそうではない、必ず自分が入っています。英語の辞書に、

one: used ... to refer to people generally, including the speaker or writer.

とある通りです。それどころか、one と言いながら実は自分を指していることさえあります。学者の、あるいは多少とも学術的な著述に多いのですが、なぜそんな書き方をするのか。だいたい学術論文では、一人称の‘I’の使用は、タブーと言っていいくらい避けられます（日本語の論文も同じ)。‘I’（私）が入ると、いかにも主観的な感じがして、客観性を重んずる学術論文としては、ちょっとまずい。そういうわけで、論文とまではいかない著述にも、一歩引いた、自分をおさえた表現が使われるんでしょうね。ともあれ、ガルブレイスは、この本で貨幣の歴史を現に鋳貨の発明から書き始めていることからして、この one が自分を指していることに疑問の余地はありません。したがって、「専断的」という訳も全くの見当ちがい。自分のことをそんなに悪く言うはずがないでしょう。単に「気まぐれ」です。全体の訳は、主語抜きでぼかしてしまえばよろしい。

（ここでは）貨幣の歴史を鋳貨の発明から書き始めているが……それは全くの気まぐれである。

もう一つ、これはどうですか。

There are experiences that are interesting when one has not had them before.

誰も経験したことがないからおもしろい経験というものがある。

「誰も」は言いすぎですね、any one ならそのとおりでしょうが。one すなわち people in general とは、「広く誰についてもいえるがその人が……」ということで、決して「誰もかれも」ではない。つまり、ほかに経験した人があっても、自分が経験していなければいいわけです。したがって、one のところは「自分」としてもよし、何も書かなくても（主語抜きでも）よし、ということになります。

今までやったことがないからこそおもしろい経験があるものだ。

不定代名詞の one はこのとおりたしかにまちがえやすいものではあります。それだけでなく、one にはほかにもいろいろな使い方があるのでよけい厄介です。

one の用法は一つではない。「一つ」のこともある

例としていろいろな英文とその訳文をあげることにします。誤りを考えて他山の石として下さい。

1. One is left to wonder.
   一つの疑問が残っている。

2. Man is capable of being one thing and seeming to be something else.
   人間はひとりの存在でありうるし、また他の何ものかであるように見せかけることもできる。

3. [It is] a success story indeed, but one that is not without difficulties.

実際、困難の伴わない成功談は一つとしてない。

4. Various accounts mention large fleets, one of seven hundred ships, one of three hundred and fifty ...

種々様々な説明は大艦隊に言及し、700 隻のうちの 1 隻、350 隻のうちの 1 隻は、……

5. It is like the rule of the road. There has to be one, but ...

それは道路法規のようなものである。それは一つでなければならないが、……

6. Many people who have never made a conscious choice of a career in research find themselves embarking upon one.

どのような研究の道に進むか意識的に選択しなかった多くの人々は、唯一の道として大学に残ることになる。

7. A crisis of identity in late adolescence is one of evaluating the relations between the individual's image of himself and his image of the life outside that self.

青年後期におけるアイデンティティの危機とは、自分自身の個体イメージと自分の外にある人生の像との間の関係についての一つの評価である。

8. " There are always threats. Ninety-nine percent of them are hot air. Trouble is, there's always that one."

「脅しは常にありますよ。ただしその 99 パーセントは駄ぼらです。常にそうだということが、また面倒なんです」。

以下、コメントと試訳。

1. 〔この one は不定代名詞。訳出不要。訳文は one thing と解釈したのか？〕

不審はそのまま残っている。

2. 〔one thing、something else は one 〜、another と同類〕

人間は実体と見掛けを別ものにすることができる。

3. 〔one は success story の代用。indeed 〜 but もわかっていない〕

たしかに成功談ではあるが、その成功には困難が伴っている。

4. 〔one は fleet の代用〕

大艦隊についてさまざまな記録がある。ある艦隊は 700 隻、ある艦隊は 350 隻から成り……

5. 〔one は rule of the road の代用〕

それは道路法規に似ている。道路法規はないと困るが、……

6. 〔one は a career in research の代用〕

意識的に研究者になろうとしたのではないのに、結局その道に進んでいる人が大勢いる。

7. 〔one は a crisis of identity の代用〕

青年後期のアイデンティティの危機は、自分自身をどう見ているか、そして外の世界をどう見ているか、その二つのイメージをどう関連づけるかにかかっている。

8. 〔one は1のこともある〕

「脅しはいつもありますよ。99パーセントは駄ぼら。困るのは、その残りの1パーセントが必ずあるってことです」。

in fact――実際は……

in fact といえば「実際」――ツーといえばカーのたぐいで、「ツーカー」は反応の早さをうたっているわけですが、文章を書くうえで、反応の早さは別に自慢になりません。反応が早いのは、自動的、機械的に処理が行なわれていることを示していて、無思慮、無神経、無反省のことがなきにしもあらず、どころか、だいたいそうだと思っていいでしょう。

「実際」で何が悪いかとおっしゃるなら、それはまさに無思慮、無神経、無反省のしるし。まずは広辞苑で「実際」を調べて下さい。

〔実際〕②（副詞的に）まったく。ほんとうに。「―よくできた人だ」

とあります。in fact がいつもこういう文脈で使われているなら結構ですが、そうではないことが多いのです。

in fact の文字通りの意味は「事実において」です。事実においてというからには、その前に、事実ではない、なんらかの想定があるのがふつうでしょう（それは言葉としておもてに現われてはいないかもしれません）。つまり、二つの命題をつなぐ役を果たしているのが in fact で、それを日本語にするにはそこをよく考えなければいけない。何ごとによらず、前後の見境なくやるのはつつしむべきです。

二つの命題をつなぐときによく使われる日本語は、単に「実際」よりも「実際に」や「実際は」でしょう（「実際」が「実際に」と同じように使われることもあるようです）。そして、これは広辞苑にも説明されていませんが、「実際に」と「実際は」は、前後の関係が180度ちがいます。たった助詞一つのちがいの大きさは、till と by の項、「まで」と「までに」にもありましたね。日本語はおそろしい！

日本語の例文で考えましょう。

1. 今年のつゆは雨が少ないと予想された。

□ここ数日ずっと晴れつづきである。

2. 今年のつゆは雨が少ないと予想された。

□ここ数日ずっと雨つづきである。

1、2の空所に何を入れますか。たいして考えるまでもない。1は「実際に」、2は「実際は」ですね。もう一つ、よく目にする言葉は「事実」で、これは「実際に」と同じ(「事実に」という言い方はない)。この空所に入れるとすれば、1は「事実」、2は「事実は」となります。

この例文の後段は、ほかにも

3. ……まだ一度も降らない。

4. ……これまで晴れた日が一度もない。

など、さまざまなものが考えられますが、そのすべてに対して in fact をつなぎに入れることができます。そして日本語なら場合に応じて、いろいろな表現があてはまるでしょう。「たしかに」「そのとおり」「その証拠に」「案の定」「ところがなんと」「むしろ」「そもそも」「かえって」「それどころか」「案に相違して」などなど。何もかも「実際」「事実」で片づけるのは、バカの一つおぼえというか、判で押したようというか、ぼくはこの手のものをよく「ハンコ訳」と呼んでいます。「ハンコ訳」はまちがいのもとです。「ハンコ訳」——あるいはこれも「バカの壁」——の例を少し紹介しましょう。バカでない訳は各自お考え下さい。

They think that animal communication system are rigid responses .... Animal responses are, in fact, quite variable.

彼らは、動物のコミュニケーションシステムは、きまった反応だと考えている。……動物の反応は実際、まったくさまざまである。

It is not a new idea.　In fact, it is no longer an idea.

それは新しい概念ではない。しかし実際には、もうそれは概念などというものではない。

None of us use olfactory ability to its full capacity. In fact, we are taught to ignore its messages.

われわれは誰も嗅覚を十分に活用していない。実際、われわれはそのメッセージを無視するように教えられている。

challenge に挑戦

challenge といえば「挑戦」もハンコ訳の一つです。それにしても、日本人はよほど「挑戦」が好きと見え、やたらに挑戦したがります。いつかもさるレストランで、ＯＬとおぼしい女性が「わたし、リゾットに挑戦しよう」と嬌声をあげておいででした。食べる料理にまで戦いを挑むとはおだやかじゃないですね。挑まれたリゾットはさぞかし目をむくことでしょう。そこで一つ質問を呈上します。a challenging woman てなんだかわかりますか。断っておきますが、たとえばリゾットに挑戦しようという女性のことじゃありませんよ。

翻訳を目ざす初学者もたぶん翻訳にチャレンジするとおっしゃるでしょうね。ぼくは昔20世紀はじめのイギリスの文豪G. K. チェスタトンの評論を翻訳したことがあります。そのとき敬愛するドイツ人の先生に「チェスタトンの翻訳はチャレンジですよ」と言われました。ふつうの日本人の感覚からすればおかしいんじゃないですか。「翻訳にチャレンジ」ならともかく「翻訳がチャレンジ」とは？ところがこれ、ちっともおかしくないんです。

日本人にとって「挑戦――チャレンジ」とは、人間がほかの人なり物なりに戦いを挑むことでしかあり得ません。しかし、英語では、逆に物の方が、人に挑みかかると考えることがよくあります。つまり、「どうだ、これ」とか「できるならやってみろ」とか、物の方から言ってくるわけ。英語の辞書を引くと、

challenge (*v*) : to arouse or stimulate esp. by presenting difficulties.
(*n*) : a stimulating or interesting task or problem
challenging (*adj*) : causing great interest ; fascinating

したがって、「翻訳はチャレンジ」は、「刺激的な、あるいは、むずかしくておもしろい、やり甲斐のある仕事」、a challenging woman は「魅力的な女性」ということにな

ります。

昔は challenge は非常に訳しにくい言葉だったかもしれません。それは辞書が不備だったからとも考えられます。参考のために研究社の『新英和大辞典』の第4版、第5版、第6版の challenge の語義を並べてみましょう。

第4版　1. 誰何《すいか》。　2. 挑戦、挑戦状。　3. 説明の要求。　4.〘法〙(陪審員に対する) 忌避。

たったこれだけ。challenge をなんでもかんでも「挑戦」としたわけがわかろうというものです。「誰何」や「忌避」は特殊な状況でないと出てくるはずがありませんからね。

第5版　1a. 挑戦；(決闘・試合などの) 申込み。　b. 挑戦状、果たし状。　2a. 説明［弁明］の要求。　b. 誰何。　3.《米》(投票 (者) の有効性・資格などへの) 異議申し立て。　4. 努力・関心などを喚起させるような問題［仕事］、課題。　5.《廃》権利の主張。　6.《廃》非難。　7.〘法律〙(陪審員に対する) 忌避。　8.〘狩猟〙(獲物の臭いをかぎつけた時の) 猟犬の叫び声。　9.〘医学〙誘発 (試験)。

ずいぶん詳しくなりました。特に4の語義が加えられたことに注目。

第6版　1. 能力・力量を試される難題［仕事］、問題。　2. 問題視、疑念、異議。　3a. 挑戦；(決闘・試合などの）申し込み。b. 挑戦状；果たし状　4a. 説明［弁明］の要求。　b. 誰何。　5.〘法律〙（陪審員に対する）忌避。　6.〘医学〙誘発（試験）；免疫試験。　7.〘狩猟〙（獲物の臭いをかぎつけたときの）猟犬の叫び声。　8.《廃》権利の主張。　9.《廃》非難。

画期的なのは、第5版で4だったものが、なんと1に躍り出ていることです。

なるほど辞書は進歩するものだと思わずにはいられません。これでも、3に格下げされた「挑戦」に相変わらずしがみついている人は、よほど頭が固いか怠慢か、朴念仁の名前を奉るしかありませんね。

その朴念仁の迷訳のかずかず——

1. They [students] presented a challenge to the teacher.

　彼ら（学生たち）は教師たちに挑戦した。

2. The renewal of the urban fabric represents a challenge to the construction industry.

　都市組織の更新は建設産業に再び挑戦の機会を与える。

3. … the challenge is always uttered at a particular moment.

　その挑戦はつねに特定の時点を対象にする。

4. the challenge to return to experience
経験に帰ろうとする挑戦

5. The glowing promises with which they have surrounded that power [of the computer] need to be challenged.
彼らがコンピュータの力と結びつけている将来の方向性に挑戦する必要がある。

1、2は説明の必要もないでしょう。3の challenge は「問いかけ」、4も「問いかけ」あるいは「要求」、5も同類で、とりあえずこの文の試訳をつければ、

コンピュータの能力に輝かしい前途が開けているかのごとくに描く彼らの主張は、その当否を問われなければならない。

で、これらは先ほどの『新英和大辞典』6版4aあるいは2の語義に相当します。ちなみに例文5の challenge の語義を英英の辞書でたしかめれば、

challenge (*v*): to question the rightness of something.

これを無視した（いや、このことに無知な）同じ訳者による挑戦づくしの訳文を並べると、

・コンピュータの地位に挑戦する
・かたよった定義に挑戦する
・極端に大きな野望に挑戦する
・気に入りの価値が挑戦されている

あきれたものです。朴念仁の極。

only について

only はずいぶん誤解されやすい言葉です。文の中におかれる場所によって意味にちがいが出てきますが、まずそれを確認しておきましょう。

1. He only saw a book.
   彼は本を見ただけだ。

2. He saw only a book.
   彼は本しか見なかった。

3. He saw an only book.
   彼は1冊しかない本を見た。

4. Only he saw a book.
   彼だけが本を見た。

1は「見ただけで読んではいない」、2は「本以外何も見なかった」ということですが、1、2、4は厳密に区別すればこうなるだけで、必ずしもその境界ははっきりしません。3 の only は形容詞で、これは明らかにちがいます（ほかは副詞）。ではこれはどうですか。

5. Only, he saw a book.

この only は接続詞で、前文を受けた形で使われます。意味は、

ただ〔しかし〕、彼は本を見たのだ。

普通はこのようにコンマで切ってあるからわかりますが、そうでないことがあるので注意が肝要。その場合、4 と形が変わりません。そのためたびたびまちがいに出くわします。

[The following aphorism ... was attributed to Einstein by a South American writer ... .] Only the English version was given by the writer.

（……）この作家が作ったのはその英語版にすぎない。

正しくは、

……ただし、英訳はその作家の手になるものである。

ところで、次の英文とその訳文をご覧下さい。

It was only after some minutes that I realized she wasn't taking in anything I said.

私の言うことを彼女が何も理解していないことに気がついたのは、ほんの数分後のことだった。

ここに大きな誤りがあることにほんの数分後に気がついた人はえらい。たぶんほとんどの人は、どこがちがうんだといつまでも首をかしげているでしょうね。

タネを明かす前に考えていただきたいのは、有名な 'Only yesterday' という表現です。この意味はなんですか？　そう、「ほんのきのうのこと」「ついきのうのこと」ですね。これは別の言葉で言えば、yesterday and no longer ago「きのうより前ではない」。視点を変えると、「やっときのうになって」でしょう。ここまで言えばわかると思います。正しくは、

数分たってやっと、彼女が私の言うことを少しものみこんでいないことがわかった。

この例文は some minutes と比較的短い時間が示されているためにまちがえやすい。次のような文なら無事に片づくかもしれません。

It was only after years that my mother told me how anxious she was.

母がどんなに心配したか話してくれたのは、その後何年もたってからだった。

It was only when steam-power produced the first railways in Great Britain that man could exceed the speed of a horse.

イギリスで蒸気の力による鉄道ができて、はじめて人間は馬の早さを凌駕することになった。

実際の誤訳例をもう少しあげます（試訳は省略）。

It was only after my Ph. D. examination that I put two and two together. [put two and two together→guess the truth from what one sees, etc.]

私があれこれ考えあわせて、自分のこれまでの考えをきちんと整理したのは学位試験の直後であった。

It is only in the late works that this failing turns into a virtue.

この弱点が転じて長所となるのは、後期の作品の場合だけである。

only too

only がからんでいる熟語に only too があります。よく出てくるのですが、知らないとまちがえやすい。たとえば、

They were only too kind to me.

彼らは私に対して親切すぎたというだけだった。

実は extremely と同じで、「彼らはずいぶん親切にしてくれた」が正訳。日本語でも「ただただ〜」という表現がありますね。手元の *COD* には not, as might be expected, the opposite と書かれているのは、「その反対のように思われるかもしれないが、そうではなくて……」、つまり、「実は、残念ながら」あるいは「驚いたことに」の意味合いがあるということです。

It is only too true.
残念ながらほんとうなのです。

apparently——明らかに「明らかに」に非ず

apparently をなぜほとんどの訳者が「明らかに」と訳すのか、不思議に思っていた矢先、ロビン・ギルさんが『誤訳天国』（白水社）で次のようにはっきりそれを指摘されたのを見て、まさにわが意を得た感じがしました。

念のために apparently を手もとの『小学館大英和辞典』でひいてみたら、その第一番目の用例に「明白」「明らかに」と出ている!!　これは本当に驚くべきことだと思った。英語を母国語とする物書きの私が一度も見たことのない意味がその第一用例になっている。（同書62ページ）

ほんとうは「見たところ〜らしい」で、研究社『新英和大辞典』第5版では、その方がふつう、第6版では、はっきり、「《まれ》明白に」となっています。いまだに「明白に」を第一に採用している辞書は使わない方がよろしい。

そもそも apparent の語源はラテン語動詞 apparere（英語の appear）の現在分詞です。つまり、apparent は appear の形容詞形だから「見かけの、表面上の」という意味、apparently は、it appears that ～と置き換えることもできますね。

また誤訳例を紹介すると、

He has correctly pointed out an apparently paradoxical aspect of the will:

彼は、明らかに矛盾する意志の一面について、次のように明白に述べています。

Each side [East and West] can live without apparent surrender of principle.

東西両陣営とも、明らかに自分たちの主義主張を放棄することなしに生きのびられる。

simply を「単純に」考えるべからず

シンプルはそのままで日本語（外来語）になっているようで、サッカーでも「シンプルに前線にボールを送ろう」などと言われます。意味はもちろん「単純な、単なる」と知ってのことです。しかし、simply をいつでも「単純に、単に～だけ」と思うのは単純にすぎます。

1. If I do not know Shakespeare, I simply miss my life.

もしシェイクスピアを知らないとしたら、私は人生を失うだけである。

2. A football game in which one side immediately establishes its superiority is simply not interesting.

一方側がただちにその優位を確立するフットボールゲームは、単におもしろいというだけではない。

3. "If we were informed we could not select an athlete taking steroids, we simply wouldn't have a team."

「もしわれわれがステロイドを服用している選手を出場させてはいけないと言われても、われわれは単にチームを持たないだけのことである」。

4. Imitators of the Royal Society simply cannot compete with this body sanctioned by history.

王立協会のまがいものは、歴史に保証されたこの協会と安直に競うことはできない。

これらはすべて simply の意味がわかっていないために、奇妙きてれつな文章になっているのです。simply は「単純に、単に～だけ」でなければいったいなにか。ある辞書には、

absolutely, completely

別の辞書には、

really, very（much）

とあります。要するに、意味なんかないに等しい。意味を強めているだけのことです。そこで前例の試訳は（他の箇所の修正も含めて）次のようになります。

1. 〔もし～としたら、〕はっきり言って、私の人生は失敗だ。
2. 一方がたちまち優勢になるようなフットボールのゲームは、まるっきりおもしろくない。
3. 「ステロイドをのんでいる選手を選んじゃいけないと言われたら、チームなんか作れっこありません」。
4. 王立協会の真似をしても、歴史的に声価の定まったこの協会と張りあうことなどとてもできない。

can に関して

can は「できる」――誰でも知っています。けれども、「できる」一言でなんでもできるわけではない。

［You must be careful with work.］You can overdo it.

これを「あなたはやり過ぎることができる」とやったら「ええっ？」とけげんな顔をされるでしょうね。

The two can, but do not have to be, identical.

これには「二つともできるが、同一視してはならない」と珍無類の訳がついていました。can を「可能性を持っている。可能性がある」と考えれば、だいたいいつでも通用すると思います。前例は「やり過ぎる可能性がある」――「やり過ぎるってこともある」。後例は「同一物の可能性を持っている」――「同じ物であり得る」。さらには「同じ物であってもかまわない」と許可、認容の領域にまで入ります。

can が文の中のどこまで及ぶかも大きな問題になります。この格言ご存じですか。

You can't eat your cake and have it.

入学試験の問題にこれを出したら「おまえ、ケーキなんか食ったら持てないぞ」という珍答案が出てきました。ヘミングウェイの小説に *To Have and Have Not* というのがあって、ふざけた学生が「持てるやつと持てないやつ」と訳して周囲を笑わせたことがあります。同じ珍訳が現実にあらわれようとは、夢にも思いませんでしたが、さて、正訳は――

ケーキは食べればなくなる。

説明。can't は eat your cake and have it 全体にかかります。つまり、両方はできないということ。食べもしたいし、いつまでも手元に持ってもいたい。食べたあともまだあればいいけれども、そうはいかないのが残念なのです。

[The teams changed constantly.] You could go for years and never fly with a certain engineer.

この英文後半に対する訳を三つ書きます(前半の意味は、「操縦士と機関士の組合せはしょっちゅう変わった」)。

1. 何年もやっていれば、常に同じ機関士と飛ぶことにはならない。
2. 何年やってもいいけれども、ある機関士とは絶対にいっしょに飛ぶな。
3. 何年もある機関士とずっといっしょに飛んでいられるはずがなかった。

正しいのはどれですか。
実は全部ちがっています。正しくは、

何年もやっていながら、ある機関士とは一度もいっしょに飛んだことがないということもあり得た。

go からあと全部ひとまとめにして、それに could がかかっているという仕掛け。

こんなふうにある言葉の働きがどこまで及ぶかによって、意味がまるで変わることはほかにもあります。

He did not marry her because he loved her.

これは二通りに訳せます。

1. 彼は彼女を愛していたから結婚しなかったのだ。
2. 彼は彼女を愛していたから結婚したのではない。

もちろん、意味はわかるでしょうね。1. 結婚しなかったのは、愛すればこそだった。2. 結婚したのは、愛のためではなく、別の理由があった。1の did not は marry her だけを支配し、2の did not は marry からあと全部を支配しているわけです。英文をパラフレーズすると、それぞれこうなります。

1. It was because he loved her that he did not marry her.
2. It was not because he loved her that he married her.

そして困ったことに、どちらに解釈するかは前後の文脈に従って判断するほかないのです。

少し話をもどします。先ほど You can overdo it [the

work]. という例文を出しました。これが否定だと意味はどうなるでしょうか。

You cannot overdo it.

タネ明かしの前に——

cannot ～ too とその仲間たち

too は「あまりに～」、つまり「度が過ぎる」ですから、それに cannot がつけば「度が過ぎることはあり得ない」、言いかえると「適度だ」ということになりそうなものですが、そうはならないんですね。「いくら～しても、度が過ぎることはない」。これは見方のちがいというか、英語ではそうなんだと考えるほかありません。学校ではそう習って、きっと頭にインプットされてはいるでしょう。しかし、いざとなると気がつかないこともあれば、文の内容にまどわされることもある。要注意です。

A thing that nobody believes cannot be proved too often.
誰も信じないことが、そんなにたびたび証明できるものではない。

Corporate managers can't be too defensive or conservative.
企業の管理職は、そんなに防衛的、保守的であるはずがない。
（正訳は省略）

また、notの代わりにhardly、cannotの代わりにdifficult、hard、impossible など可能性の低さを暗示する言葉、too の代わりに over- で始まる動詞（前述の overdo はその一つ）や exaggerate（誇張する）など、度過ぎを暗示する言葉を持ってきても原理的には同じなのに、まちがえる頻度はずっと高くなります（You cannot overdo it. はもうわかりましたね）。たとえば、

It is impossible to possess too much of money.
誰もが巨万の富を貯めこむなどできない相談だ。

The importance of this can hardly be exaggerated.
重要なことは、これがほとんど誇張されていなかったことである。

It would be difficult to exaggerate the Promethean power of science.
科学の持つプロメテウスの力は、誇張するまでもなかろう。

cannot ～ more（less）

cannot のあとに比較級がついたものは、cannot ～ too と考え方としては同じです。文字通りにいえば「これ以上

ではあり得ない」。それなら「せいぜいこの程度」となりそうですが、そうはならない。「これが最高」という意味です。このへんの視点のちがいが日本人には理解しにくいかもしれません。

I could hardly have been less interested.
私は大して興味を持たなかった。

正しくは「最低の関心しか持てなかった」(これ以上低い関心は持てなかっただろう)。could have been ～ と仮定法になるのは、もちろん、現実ではない想像だからです。

I couldn't have resented a subordinate position more fiercely.
私は隷属的な地位を実際以上に腹立たしくは思えなかっただろう。

これは必ずしもまちがいとは言えないかもしれませんが、「実際以上に」と書くと読者の理解は望めないでしょう。

(試訳) 人の下についていることがこの上もなく腹立たしかった。

It may be doubted whether they would be more shocked at the fact that ～

could ではなく would になっていますが、それは本質的

に変わりありません。そしてこの文は、

彼らは〜という事実にこの上もないショックを受けたのではなかろうか。

と翻訳されますが、なぜそうなるか不審に思われるかもしれません。その疑問に答えるためには、doubt についての説明が必要でしょう。

doubt と suspect——重なる疑問

doubt と suspect、とくに後者についてはずいぶん誤解が多いようです。それは、いずれも「疑う」という言葉が当てはまり、しかも日本語の「疑う」は、内容にかなりあいまいな部分があることからきていると思われます。広辞苑を見ると、「疑う」について

①ありのままや言われたままを信じず、不審に思う。間違いではないかと思う。
③……ではなかろうかと思う。

とあります。①と③は方向（というか中身というか）が逆ですね。わかりますか。①の「間違いではないかと思う」は、もっとはっきり言えば、まちがいのような気がしているわけですし、③の「……ではなかろうか」は、はっきり言えば、そうであるような気がしているんでしょう。実は英語では①が doubt、③が suspect です。つまり、同じ「疑

う」でも、はっきり書けば、

doubt　　そうではないと思う
suspect　そうだろうと思う

したがって、簡単な例文でいえば、I doubt his honesty. は、彼が正直ではないと疑っており、I suspect that man. は、その男を（犯人）だと疑っているわけです。
ここのところをしっかりおさえておかないと、とんでもないまちがいをしでかすことになります。

a hitherto unsuspected causal linkage
これまで疑われなかった因果のつながり
（試訳）　これまでは存在すると思われていなかった因果のつながり

そこで先ほどの例文ですが、

It may be doubted whether they would be more shocked at ～

「彼らがこれ以上のショックを受けることはないように思われる（ないのではなかろうか）」を言いかえて、「彼らはこの上ないショックを受けたのではなかろうか」となるわけです。

as――八面六臂の働きぶり

as は実に便利な言葉です。前置詞にも、接続詞にも、関係代名詞にもなり、接続詞としても、時、理由、譲歩、様態となんでも屋の働きを持っているので、英語の文章に as が出てくると、はてこの as はなんだろうと思い悩むことになりがちです。この本は文法の解説書ではないので、それはほかの文法書に譲り、翻訳上まちがえやすいこと、気をつけるべきことだけを書くことにします。

as を接続詞として理由を示すのに使うことはめったにありません。たびたびぶつかるのは時の接続詞の as で、同時性を示唆することが多いとよくいわれます。そのつもりで訳文を考えることが必要でしょう。

He went out **as** I came in.
彼はぼくといれちがいに出て行った。

He took his breakfast **as** he read a newspaper.
彼は新聞を読みながら朝食をとった。

As he said so, the door was flung open.
彼がそう言ったとたん、ドアがパッと開いた。

Apples fell **as** they ripened.
リンゴは熟すはじから落ちていった。

He caught me **as** I was leaving.
彼は出て行く私をつかまえた。

といった具合です。この最後の例は、as 以下をその前にあるものの形容詞節のように処理していますが、いろいろな場面に応用がききます。

さっそく、様態をあらわす接続詞の場合ですが、様態だからといって「〜のように（な）」とするのはまさにバカの一つおぼえ。

Mt. Fuji as (it is) seen from Shizuoka.

を「静岡から見えるような富士山」と書くのはこっけいですね。「静岡から見た（見える）富士山」で一向にかまいません。

1. Time, as we know it, began with the Big Bang.
   周知の通り、時間はビッグ・バンで始まった。

2. Inis tests the oral culture as it reacts in many different written cultures.
   イニスは口頭文化を、それが多くの異なる筆記文化のなかで反応するとおりの姿において吟味している。

3. The athlete often represents the spectator as he sees himself in his own mind's eye.
   スポーツ選手は、観客から見た場合、観客の心眼におけるその選手のイメージであることが多い。

（試訳）

1. われわれが認識している時間は、ビッグバンとともに始まった。
2. イニスは、口承文化がさまざまな筆記文化の中でどのような反応を示しているかを吟味する。
3. 運動選手は、観客の心眼に映っているその人自身の姿のなり代わりであることが多い。[he=the spectator]

as が関係代名詞のような形で前後の文の内容をあらわしていることもよくあります。as is usual with ～、 as is always the case with ～「～はいつもそうだが」などはそのたぐいです。

Harvey moved away from Galen, not towards a 'modern', as we might surmise, but to Aristotle.

ハーヴェイはガレーノスの考えから離れた。つまり「近代」への向きとは逆にアリストテレスにさかのぼったように思われる。

（試訳） ハーヴェイはガレーノスの考えから離れた。そして、「近代」に向かったと想像したいところだが、アリストテレスへと向かったのである。

as に関してもう一つ、まちがえやすいフレーズをあげておきます。

as such は such as ではない

such as は誰でも知っているとおり「〜のような」です。as such は順序を逆にしただけだろうとでも思ったのか、これも「〜のような」と訳して平気な大先生がいらっしゃるから困ったもの。順序がちがえば、単語の働きもちがう全く別の意味になります。もともとは文字通りに「このようなものとして」で、それに即した訳で間に合う場合もあります。

Rhythm is an effect of sound, and as such appeals to the senses than to the mind.

リズムとは音の効果であって、音の効果であるからには理知よりも感覚に訴える。

しかし、そこから発展して「そのもの、それ自体、それだけで」というような意味で使われることが普通です。ところが、

There is the question of poster design as such.

ポスター・デザインに関しては、以上に述べたような問題があるのである。

If technology is growing, then 'society' as such must be becoming more vital.

もし技術が成長していくなら、そのような「社会」は

もっと活気にみちたものになるに違いない。

to discuss scientific vocabulary as such
このような科学的な語彙を議論すること

というていたらく。ああ、なんたること。

if＋X

if の意味は誰でも知っています。if で始まる文も「もしも〜なら」とか「かりに〜したら」とか、場合によっては「〜でも」とか、なんの苦もなく理解できます。ところが省略したかっこうで何かが if にくっついてくると、とたんにその理解が怪しくなるのは不思議としか言いようがありません。if の場合に限らず、定式どおりの形のととのった文ではなく、はしょった表現がどうも日本人は苦手のようではありますね（いや、外国語の学習者はどこの人でもそうかもしれません。日本語の文語文でもすらすら読める外国人学者が、「けとばす」という卑俗なせりふを理解できなかったのには、こちらがびっくりしました）。

ともあれ if の場合、たとえば if any なら「かりにあるとしても」という文字通りの意味はいつでも生きているのですが――

Personal perfume is primarily concerned with personality and has few if any connotations of task.
個人が好む香料は主としてその人の個性にかかわるが、

それが何らかの労役に関連すると、そうした面がほとんどなくなる。

省略されているから、どこがどうつながるのかわからなくなるんでしょうね。もちろん few connotations の間に挿入句風にはめこんだだけの話です。

（試訳） 自分用の香水は、主にその人の個性にかかわるもので、仕事との関連は、あるとしてもわずかである。

ほかの形容詞でも変わりはありません。

～interesting if uncertain analogies
もし不確かな類似なら興味がある
（試訳） 不確かとはいえ興味深い類似

It would be a large if rewarding task.
それはそうするだけの価値があるとしたら、たいへんな課題であろう。
（試訳） それは、報いられるところはあるとはいえ、大仕事になりそうだ。

for と against——プロとコン

日本語でプロといえば、プロフェッショナル、プログラム、プロダクションの略でしょうね（ほかにもあるかな）。これらのプロは全部ラテン語ないしギリシア語の pro が語源です。意味は「〜の前に」「〜のために」。コンは、複合語なら多種多彩というか多士済々というか——ゼネコン（ジェネラル・コントラクター）、生コン（生コンクリート）、ベトコン（ベトナムのコンミュニスト）、音コン（音楽コンクール）、メンコン（メンデルスゾーンのコンチェルト）、パソコン（パーソナル・コンピューター）、ケミコン（ケミカル・コンデンサー）、マザコン（マザー・コンプレックス）、合コン（合同コンパ）、エアコン（エア・コンディショナー）、リモコン（リモート・コントロール）、ミスコン（ミス選出コンテスト）と並べるだけでもくたびれます。しかもこれらのコンが全部ちがう。そして、コンが単独で使われることはありません。

英語にはコンそのものがあります——pro and con。英語と言いましたが、もともとはラテン語で、それを外来語としてそのまま英語に取り入れているわけです。pro については上に述べました。con は contra《コントラ》 の略で、両方合わせて本来の英語で書きあらわせば for and against となります。日本語にすれば「賛成」と「反対」です。

回りくどくなりましたが、英語の for にはこのように「賛成」の意味合いがあることに気をつけて下さい。もともと for のイメージは、何かに「向かって」です。どこかに向かって出かけるのは go for、出発するは start for ですね。「向かって」が、何かを「目がけて」「求めて」、さらに何かの「ために」何かに「代わって」と意味が広がります。「賛成する」「擁護する」はその延長上にあると考えていいでしょう。against はその反対で、まさに「反対」「逆」の意味合いです。

こう考えてくると、say for (against) がどういう意味になるか、おのずから明らかでしょうが、それをきちんと理解していないために、あやしげな訳になることがよくあります。

There is a great deal to be said for individual chairs.
ひとりずつの椅子についても言うべきことがたくさんある。

There is usually a great deal to be said for simplicity.
単純であることにも十分留意する必要がある。

There is something to be said for this point of view.
この視点に対しては、言わねばならないという側面がある。

What can anyone say against information?
情報に対して何か言うべきことがあろうか。

はじめの三つは、もはや説明の必要もないでしょう。最後の例文だけ正訳を書いておきます。

情報というものについては、誰も異を唱えることがないのではないか。

say と同類の言葉、たとえば argue なども同じことで、

argue against（for）は、「～に反対の（賛成の）議論をする」です。簡単に「～に対して」とか「～のために」とか言ったのでは、意味が伝わりません。

credit――知っているようで知らない言葉

「クレジット」はそのままで日本語にもなっており、小さな子どもは別として、おそらく誰もがなにかの形でクレジットを利用し、したがってこの言葉にはなじみがあるものと思われます。しかしそのなじみの深さが、逆に翻訳の場ではまちがいのもとになります。

credit は英語になっていますが、実はラテン語の動詞 credere《クレデレ》（信じる）の三人称単数形です。ちなみにこの動詞の一人称単数形は credo《クレド》 で、これまた英語の中に入っています。キリスト教（カトリック）の主要な祈りの最初の言葉で、その祈り自体の名称でもあります。こんなふうにラテン語がそのままの形で英語としても使われることは別に珍しいことではありません。たとえば exit（出口）は exire《エクシーレ》（外へ出る）の三人称単数です。

ともあれ credit の基本の意味は「信じる」で、そこから「信用」という名詞としても多用されるようになるわけですが、多用されるからといって、いつでもそうだと思われたら困る。

He desires to disavow the aristocratic tendencies with which some critics have credited him.

彼は貴族を認めたくないと思っていて、このことで、何人かの批評家は彼を信用するようになってきている。

この訳は credit だけではなく、ほかの部分もあきれてあいた口がふさがらないほどのひどい代物なのですが、なにはともあれ credit の含まれる関係文を解きほぐせば、

Some critics have credited him with the aristocratic tendencies.

となります。そして、credit ～ with ... ですが、これは「信用する」とはちょっとちがって、ある人（～）にかくかくしかじかの性質・気持（……）があると信じる（考える）、という意味です。あるいは、名誉・功績を誰それのものとする、という場合もあります。そこで上の英文をかっこよく翻訳すれば、

ある批評家は彼が貴族的な性向の持主だとしているが、彼はそんなものは持っていないと言いたがる。

といったところになるでしょうか。

credit が名詞として使われた場合も同じこと。「信用」の場合もありますが。

I can't take any credit ; the others did all the work.

この credit は「称賛」「名誉」です。

Warhol should receive some credit for achieving a remarkably simple synthesis of the two arts [painting and photography.]

ウォーホルは、これら二つの芸術〔絵画と写真〕の、きわめて簡単な統合をなしとげるための何らかの信用をとりつけるべきである。

なんてとんでもない訳をするのは credit を「信用」「信用」と思いこんでいるからにちがいありません。正しくは、

ウォーホルは〔絵画と写真という〕二つの芸術を驚くほど簡単に統合してのけた功績を評価されてしかるべきだ。

responsible——「責任がある」ばかりは無責任

responsible とくれば「責任がある」——前にもありましたが、こういうハンで押したような固定訳は絶対にしないこと。前後の見境なくやるから、こっけいきわまる結果になってしまいます。

だいたい日本語では、何かまずい事態が起こったときに、「誰の責任だ」「責任をどうとる」というふうに、「責任」をマイナスの意味で使うのが普通です。称賛に値することについて、「これは誰それの責任である」とは決して言いません。ところが、

No scientist is solely responsible for any scientific

idea.

どんな科学的観念にしろ、たったひとりで責任を負える科学者などいない。

responsible には to be the cause of ～（～の原因になる）の意味があって、これはマイナスとは限りません。この英文の意味は、

どんな科学思想でも、たったひとりの科学者がつくりあげるものではない。

available――「役に立つ」言葉ながら……

available は「利用できる」「役に立つ」という意味であるとはいえ、いつでもそのまま使うのは、これまたこっけいきわまりなし。たしかにいろんな状況にあてはまって、大いに役立つ、有効、便利な言葉にちがいありませんが、訳語はそれぞれの状況に応じたものを考えないとだめです。

「役に立つ」といっても、available は useful と同じではありません。手に入れられる、手が届く、手近にある（いる）という意味で役に立つのです。たとえば本や商品のカタログに available とあれば、決して「役に立つ」品物ではなく、「在庫あり」を示しているにすぎません。物だけでなく人についても使えます。たとえば、

This was the only available room.
空室はこれだけだった。

I'm available in the afternoon.
私は午後あいています。

Tickets are available at the box office.
入場券は切符売場でお求めになれます。

といった具合ですが、実情はどうか——

1. Americans are not just passive consumers of the only services available to them.
アメリカ人は自分たちに役立つサービスのみを求める消極的な消費者ではない。

2. the pollution of available reservoirs of waste
利用可能な廃棄物の貯蔵による汚染の発生

3. He bought one of the larger available houses.
彼は少し大きめの便利な家を買った。

正しくは、

1. アメリカ人は、今のサービスをこれしかないからとおとなしく受けいれるような消費者ではない。
2. 現在ある廃棄物処理場の汚染
3. 彼は売りに出ている家の中では大きめのものを買った。

for――because とどうちがう

for も because も理由を示す接続詞です。それなら互換性がある――つまり二つを入れ換えてもいい――かというと、必ずしもそうはいきません。文法的には、同じ接続詞とはいえ、for は等位接続詞、because は従属接続詞で、前者は節と節の間にしか置かれないのに、後者は文頭に置くこともできる――と学校では教わるでしょう。実はそういった種類のちがいだけではなく、理由は理由でもそこに微妙な相違があり、入れ換えが不可能な場合が出てくるのです。江川泰一郎著『英文法解説』(金子書房)には、なるほどと納得される簡単なおもしろい例が出ています。

It's morning, for the birds are singing.

とは言えても、

It's morning, because the birds are singing.

とは言えません。

なぜなら、for はその前に自分が述べたことに対する理由を説明するのに対し、because は事柄自体の原因・理由を示すからです。この場合でいえば、鳥が鳴いたからといってそれで朝になるわけではありません。朝だ、なぜそう言えるかというと鳥が鳴いているからだ――これならちっともさしつかえはないわけ。こういうちがいはあるにしても、実際問題として、自分なりの説明と事柄自体の理由・原因は一致することが多いとは言えます。for は話し言葉としてはほとんど使われないようですが、書き言葉としてはしょっちゅう出てきます。「というのは」と訳せばあたっていますが、そうはっきり訳すにも及ばないことは心得ておいていいでしょう。上の例の場合、

朝だ。鳥が鳴いている。

これだけでも、じゅうぶん for の意味は伝わりますね。

no doubt――「疑いなく」に疑いあり

doubt は「疑い」、no は「ない」だから no doubt は「疑いなく」だ、とたいていの人は考えるでしょう。全然ちがうとは言いませんが、多少ちがいます。

とくに no doubt 〜 but とつづく場合は、it is trne 〜 but、indeed 〜 but と同じで譲歩をあらわし、「なるほど（たしかに）〜ではあるが、しかし」という意味です。日本語の「な〜そ」のような一種の係り結びと思って下さい。

もう一つおもしろいこと。辞書で no doubt を調べると、

no doubt　1. doubtless
　　　　　2. without doubt

となっています。はてな、と思いませんか。これを見ると、doubtless と without doubt はちがう。そして、no doubt

は原則として doubtless と同じだが、時には without doubt と同じこともあるらしい。no も without も less もみな「ない」という意味なのに、いったいどうしたことか、と。そうなんですね。実は、doubtless そして no doubt は「疑いの余地がない」というような強い意味ではなく、むしろ「多分、おそらくは」に近い。without doubt はまさに「疑いの余地がない、まちがいない」です。ついでにいえば、もう一つ似た言葉 undoubtedly と同じ組に入ります。ややこしいですが、no doubt と doubtless、without doubt と undoubtedly を二組別々に、弱強として頭に入れておくのがいいでしょうね。

take ~ for granted——「当然のことと考える」を当然とするのは考えもの

この熟語を載せていない辞書があるのには驚きましたが、別の辞書には「当然のことと考える」としか出ていません。こうしてみると、それでいいと思いこんで疑問を持たない人が結構いるんじゃないかと思われます。現に、世に出ている翻訳書を見ると、ほとんどがそうです。この訳語は必ずしもまちがっているわけではありませんが、その日本語自体があいまいなせいもあり、きわめて誤解を招きやすく、訳者自身も誤解している場合が往々にしてあります。簡単な例からいきましょう。

I took it for granted that he would come.

これを

私は彼がくるのを当然のことと考えた。

と訳したとき、読む人はその内容をどうとらえるでしょうか。彼は当然くるべきだ、こなければならない、くる義務がある、と私は考えた――そうでしょうね。実はちがうのです。

前ページに「～いいと思いこんで疑問を持たない」と書きました。take ～ for granted のほんとうの意味はそれです。「当然のことと考える」の内容はそれなんです。つまり、上の英文の意味は、

私は、彼がくると思いこんでいた。
（私は、彼が当然くるものと思っていた。）

ということになります。念のため研究社『新英和大辞典』に出ている語義を書いておきます。

take ... for granted（よく考えもしないで）〈事を〉正しい［当然なこと］と思う

目ぼしい誤訳例をあげると、

1. If partners were able to give each other satisfaction in this way, other aspects of their relationship could be taken for granted.

この点で夫婦が互いに相手を満足させることができるなら、彼らの関係の他の面でも当然そうであるに違いない。

2. We take this so much for granted that we seldom define it.

私たちはその関係をめったに明確にしないことをきわめて当然のことと思っている。
〔註　この訳例は so～that の部分もわかっていなくて支離滅裂。〕

(試訳)
1. 夫婦がこの点で互いに相手を満足させることができるなら、両者の関係の他の面は問題として取りあげるにもあたらない。
2. 私たちは、その関係をあまりにもあたりまえのことのように思いこんでいて、それがどういうものか規定することがめったにない。

もう一つ参考のために。

Assuming the obvious is not too dangerous for most people ; but when people reach positions of power and responsibility taking things for granted is perilous.

明白な事項を仮定するのは、大半の人間にとって危険すぎるというわけではない。しかし、人間が権力や責任のある地位についた際に、ものごとを当然と思うのは危険である。

正しい訳は自分で考えていただきますが、ここで重要なのは、assuming the obvious（自明のものと頭から思いこむ）と taking things for granted は同じだということです。

そもそも take ～ for ... は「～を……と考える」ですから take ～ for granted は「～を grant されたものと考える」です。grant という動詞のふつうの意味は「容認する」で、だからこそ granting that ～、granted that という譲歩（認容）の分詞構文が作られるわけですから、take ～ for granted は「～を容認されたものと考える」、言いかえれば「受け容れてしまう」と考えたほうが、「当然と考える」よりも誤解が少ないのではないかと思います。

anything but ～

nothing but ～ ってどういう意味？　そう only と同じで「～にすぎない」「ただ～だけ」ですね。それはたいていの人が知っているらしい。ところがなぜ知っているかというと、学校でこの二つがイコールであると教えられ、機械的にそうおぼえているからにすぎないのではないか、とぼくには思われます。その証拠に、nothing but ～ とは否定・肯定という裏表の関係にある anything but ～ については、おかしな訳のオンパレードです。もっとも、nothing but についても、

All discussions of love is nothing but preaching.
宣教を除く愛についてのすべての論議というものは空《くう》である。

というすっとん狂な誤訳がありますが、そんなのは論外とします。さて、

1. It can make their nature anything but obvious.
それは、彼らの性格を明瞭ではないにしても、何もかも変えてしまうことがありうる。

2. Some of the remarks we overhear are anything but nice.
われわれが洩れ聞いた言葉の中に、素敵なもの以外の何ものかがある。

3. For Jung revelation was anything but obscure.
ユングにとって、啓示はあいまいなものにすぎなかった。

いかが？　どこがどうちがっているかわかりますか。それには、まず nothing but ～ の成り立ちを理解する必要があるでしょう。

but はいろいろな使われ方をする言葉で、その多様なことは、英語の中でも最高と言っていいんじゃないかと思われます。最初に出てくるのは「しかし」という接続詞とし

てで、そのあと副詞で only と同じく「〜だけ」になったり、except と同じく「〜のほか」になったり、否定の意味を含む関係代名詞になったりという具合で、英語の学習者は、「はて、この but はなんだろう」と応対に苦しむことにしばしばなります。千変万化のような感じがするかもしれませんが、基本的には同じで、どんな使い方にも否定的・逆接的な意味合いが含まれていることは心得ておいていいでしょう。A but B は「A。しかしBである」から発展して「A。しかしBにすぎない」、「A。しかしBは別だ」と容易につながっていきます。

それはともかくとして、nothing but の but は except と同じ「〜のほか、〜以外」です。nothing は「何ものでもない」、したがって nothing but 〜 は「〜以外の何ものでもない」。言いかえれば「〜にすぎない、〜にほかならない、〜だけ」となるわけです。

そこで anything but 〜 ですが——any については、実はちょっと言いたいことがありますが、それは後回しにしましょう。not anything＝nothing は誰しもご存じのとおりで、anything の否定形が nothing、逆にいえば nothing を肯定にすれば anything。それなら nothing but 〜「〜以外の何ものでもない」の否定を肯定に変えれば anything but 〜 の意味が得られるはずです——「〜以外の何ものでもある」。ちょっと言い方、あるいは視点を変えれば、「何でもいいが、〜だけはだめだ」さらに、「決して〜ではない」になりますね。以上、説明終わり。

上述例文を修正すると、

1. それらの本性をおよそ明瞭とはいえないものにしてしまいかねない。
2. 小耳にはさんだ言葉にはとてもすてきとはいえないものがある。
3. ユングにとっては、啓示は決してあいまいなものではなかった。

先ほど言い残した any について、一言《ひとこと》、いや、二言《ふたこと》三《み》言《こと》——

any と some、そして every

簡単に言ってしまえば、any は「なんでもいい何か」、some は「なんだか知らない何か」です。それは any、some が名詞でも形容詞でも、あるいは -one、-body、-where がつく複合語になっても変わりありません。したがって、anyone、someone は同じように「誰か」とはいえ、

Anyone can do it.
誰でもいい誰かができる。

Someone can do it.
誰だか知らない誰かができる。

で、つまるところ、上の文は大勢のなかの誰をとってもできるのだし、下の文は大勢の中に（誰か知らないが）できる人がいるということになります。

疑問文になっても同じことが言えます。たとえば、

Is there anything to eat ?
何か食べるものある？

は、お腹を空かして帰ってきた子どもが、なんでもいいから何か食べるものがあるかどうかきいているのですが、

Is there something to eat ?
?

ときくこともあります。それはどういう状況かわかりますか？　そう。「なんだか知らないが何か」ですから、いい匂いがするとかで、何かありそうだという意識はあるんですね――なんだかわからないだけで。さてそこで――ではそういう場合、日本語ではなんと言えばいいでしょう？ ? とクウェスチョンマークをつけておきましたが、そこへ入れる日本語を考えて下さい（答、次頁下欄）。

ぼくはこういう文章を見ると、ほんのわずかな言葉のちがいでずいぶん内容が変わってくることに驚くと同時に、つくづく日本語のおもしろさを感じないではいられなくなるのです（いや、日本語に限らず、どこの国の言葉もそうなんでしょうね）。このデリケートな、しかし非常に重要な問題については、またあとで触れることにします（次から次へ問題が枝分れしてごちゃごちゃしますが、ご勘弁を）。

ところで、疑問文・否定文には any、平叙文・肯定文には some、条件文には疑いが強い場合は any、そうでなけ

ればどちらでも、と学校では教わるでしょうが、それは、any と some の本性から原則的にそうなるだけのことで、同じその本性にもとづいて any が肯定文、some が疑問文にも使われる場合があることは、上の例からも明らかです。

こういった any、some の本性の理解が不十分なため妙な訳になった例は少なくありません。any は「なんでもかまわない何か」、つまりは「どの〜も」で、every「すべての」と結果的に同じになることはあります。たとえば先の Anyone can do it. は Everyone can do it. に置き換え可能です。しかし、any は全体の中の任意の一つをさし、every は一つ一つとりあげたうえで、ひっくるめて全体をさします。any day は「いつでもいいある日」ですが、every day は「毎日、毎日」、in any way が「なんでもいいある一つの方法で」であるのに対し、in every way は「あらゆる方法を使って」です。ところが、

1. These writings on music do not show the proportion of my involvement with any composer.
音楽に関するこれらの論文は、あらゆる作曲家と私とのかかわりあいの程度を示してはいない。
〔あらゆる作曲家とかかわりを持つことなどできるわけがありませんね。〕

2. As John Ziman points out, science is like any good

前頁答　何か食べるものあるの？

game.

ジョン・ザイマンが指摘したように、科学は一種の興味あるゲームのようなものである。

3. The whole framework of his classification shows that the central problem was that of resemblance of any kind.

彼の分類体系において中心となる問題は、どんなものに類似しているか、ということである。

(試訳)

1. これらの音楽関係の論文は、私が誰にせよある作曲家とどれほどのかかわりを持っているかを示すものではない。
2. ジョン・ザイマンが言っていることだが、科学は何にせよおもしろいゲームに似たところがある。
3. 彼の分類体系を見ると、中心をなす問題は何らかの類似であることがわかる。

さて、ここで先ほどの「何か食べるものあるの?」の問題にもどります。

助詞「の」の働き、要注意

「食べるものあるの?」は、ありそうだという前提があってこその発言ですね。それは「の」があることから判断されます。確認の「の」とでも言えばいいのか、実にデリケートなニュアンスがありますが、翻訳にあたってもよくよくの注意が肝要です。
大学である英語のエッセーを訳させたのですが、著者のホンコンでの経験。りっぱななりの見知らぬ中国人が空港から自家用の運転手つきの車でホテルまで連れて行ってくれたその車中で、

He asked me whether I wanted any suits made.

これを、

彼は私にスーツを作りたいのか、ときいた。

とある学生が書いていました。そんなことは絶対にありえない、この状況で「作りたいのか」とどうしてきけるのか、と注意したのに、こっちの言っていることがさっぱりわからないらしい。「作りたいのか」と「作りたいか」のちがい、日本語のおもしろくもむずかしいこのニュアンスを誰も説明できないのです。「スーツを作るようなそぶり、雰囲気がはじめにないと、『作りたいのか』とは言えないだろう」と解説したらやっと納得してもらえました。情けない話です。
学生だけではなく、れっきとした翻訳家でもそのへんがすこぶる怪しい人がいます。ある小説で主人公の女の子が友だちに食事を用意する場面。こんなせりふが出てきます。

" Do you think that will be enough for us all ? "

この訳がなんと、

「これだけで、わたしたち全部に十分なのかしら」。

「なの」がよけいなことは一目瞭然ですね。

つい今し方、テレビでロンドンの同時テロ一周年の報道番組をやっていました。街頭でインタヴューを受けた女性の感想が、スーパーインポーズで

「またいつ起こるのか心配です」。

となっている。これは絶対に翻訳のまちがいと見てまちがいありません。再発するのが既定の事実であるかのような発言をするはずがありませんよ。おそらくこの女性は「またいつか起こるんじゃないか心配です」と言ったんだと思います。どうも日本人全体が日本語に無頓着になったような気がしますね。

最後にもう一つ例をあげます。目的地へ行くのに、どうも道をまちがえたらしいので、脇の湿地へ足を踏み入れて進んで行ったという状況。

Thus, we might have found the way ～
こうしたから道が見つかったのだろう

例によって、この「の」がおかしいのですが、実はそれ以上に根本的におかしいのは might have found の部分で

す。これを次項で取り上げることにします。

would、could、might have＋p.p.

これを見れば、「ああ、あれだ」と思い当たるでしょうね（思いあたらないようでは困る）。そう、仮定法過去完了に対する帰結の文型です。

英語には仮定法というのがあって、英語学習者はその法則をおぼえるのに苦労させられます。日本語でも「明日天気なら海へ行こう」とか「あそこでシュートを決めていたら勝ったのに」とか、仮定・帰結という図式はありますが、特別な規則があるわけではなし、そもそも仮定にもとづく論述をあまり好まないところがあって、どうも仮定法を苦手としているようです。英文学者で名翻訳家の朱牟田夏雄先生がいつか書いておられました。「「もし私がバカだったら、そうしたでしょう」というのが、回りくどくてなじまないから、「おれはバカじゃないから、そんなことしない」と訳したら、批評家に叱られた」と。場合によりけりでしょうが、傾聴に値する言明だと思います。

ともあれ、ここで取り上げるのは仮定法過去完了に対応する帰結の文、それも仮定がはっきりした形で現われていないものです。現在（仮定法過去）の場合は、帰結文はwould（could、might）に不定法がついているだけで、これはなんとなく推量のようなかっこうにしておけば切り抜けられても、過去の場合は would（could、might）に過去不定法（have＋p.p.）がついているのが、なんとも悩ましいんでしょうね。わけがわからなくておかしな訳を書いてしまうんだろうと思います。

しかし、悩ましくもなんともない。仮定も帰結も過去の事実に反する言明であることさえおさえておけば、まちがいっこありません。先ほどの例でいうと、

Thus, we might have found the way.

might have found だから実際には見つかってなどいないんです。それをおさえないで、推量にあたる言葉だけへんなところにくっつけて、

こうしたから道が見つかったのだろう。

とやってしまった。正しくは、

こうしているうちに道が見つかってもよさそうなものだった。

以下、枕を並べて討死の惨状。

1. We heard a distinct sound, which strong imagination might have translated into “Halloo”.

私たちの強い想像力が「ハロー」という声に変わったような明瞭な音をきいた。

〔ナンセンスの極〕

2. Those events could have taken another turn at

many points.

それらの事象は、多くの点で、別の変化をしたのである。

3. "I don't see why he couldn't have got there."

「なぜ彼がそこへ着くことができなかったのか、わからないわ」。

4. Certain amount of ignorance keeps you from knowing why what you have just observed could not have happened.

ある程度の無知によって、今君が観察したことが何故に起こり得ないかを君は知らずに済む。

5. Its occurrence could never have been predicted after 3 billion years of unicellular existence.

そのような現象が起こるということは、30億年後に単細胞の生命が出現した頃にはまったく予想もできないことだったのである。

6. Some thought the defense by students might well have been thoroughly romanticized.

学生が守ったという話は、ひどく美化されたものだと考える人もいた。

(試訳)

1. はっきり音が聞こえた。想像力をうんと働かせれば

「ハロー」と翻訳できたかもしれない。

2. これらのできごとは、折々に現実とはちがう進展を見せることもありえたのだ。
3. 「あの人、着かなかったはずないと思うわ」。
4. ある程度無知なおかげで、今観察した現象が普通なら起こるはずがなかったものだということを知らずに済む。
5. それまで30億年も単細胞生物が存在していたので、よもやそういうことが起ころうとは予測できなかっただろう。
6. 学生が守ったという話は、徹頭徹尾冒険談風にこしらえてもよかったと考える人もいた。

image——「イメージ」を変えよう

カタカナ語はあぶない。あぶないとは誤解を生じやすいということ。カタカナ、ひらがな、漢字の三通りの表記法は日本語の強力な武器で、ぼくはかつてそれをポセイドーンの三叉《みつまた》の槍にたとえたことがあります。カタカナはたしかに便利で、日本語化がむずかしい外国語をそのままカタカナ表記して取り入れることができる。ところが、もとの外国語と発音がちがうし、内容もずれるので、外国人にいちばん理解できない日本語はカタカナ語だという漫画的な現象が起こるだけでなく、日本人もカタカナ語でもとの外国語まで理解した気になるという、ちぐはぐな状況も生まれます。翻訳の場ではそれがはなはだ困るのです。「チャレンジ」がそうでした。そして、「イメージ」もまたその一つです。

カタカナ語で「イメージ」といえば、全体的な印象とか、頭に思い描くものとしか受け取れないでしょう。「イメージ・アップ」とか「イメージ・ダウン」とか、さらには「イメ・チェン」なる奇怪な略語も作られます。何かを「イメージ」するという言い方もある。そのため英語の image をいつも「イメージ」と置き換えると、はなはだ妙なことになります。

1. to carve the stone images which have come down to us …

思いつく石のイメージを彫る。

〔意味不明。石ころを思い描いて、それを彫刻する？ そんなことする人、いそうもありませんがね。〕

2. God created man in His own image.

神は自身のイメージで人を創造した。

(試訳)

1. 石像を彫り、それが今日まで残っている。
2. 神は自身の姿に似せて人を創造された。

〔聖書の言葉〕

このように image は「姿、形」「像」でもあります。「イメチェン」が必要なゆえんです。

over ──「上」には上が

先に述べたように日本語の「上」にははなはだあいまいなところがあるのですが、on を「上」とすれば、over はそのまた上の「上」ということになります。on が接触しているのに対し、over は離れた「上方」です。そのほかいろいろな状況で使われる言葉ですが、その大略を図示し、概念としてあらわせば、次のようになるかと思います。

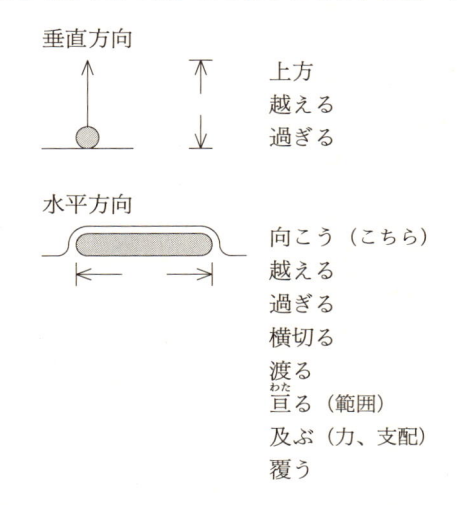

垂直方向

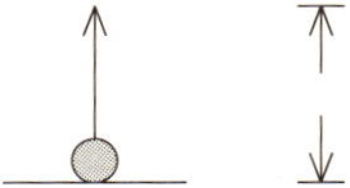

上方
越える
過ぎる

水平方向

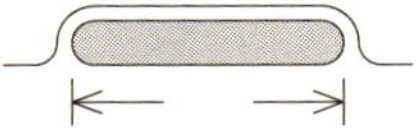

向こう（こちら）
越える
過ぎる
横切る
渡る
亘《わた》る（範囲）
及ぶ（力、支配）
覆う

同じような概念のもと前置詞としても副詞としても使われますし、またこういった概念がさらに延長、拡大されることもあります。たとえば、「向こう側に行きついている」

ということは、容易に「終了」「完了」の意味につながるでしょう (The work is over.)。

よくお目にかかる to talk over a cup of tea (お茶を飲みながら語る) という表現はどこから出てくるのか。体がカップにかぶさっているというイメージもあるでしょうし、「こちらから向こうまで」「ずっと」「引き続き」が「〜しながら」と変わっていったとも考えられます。ちなみに to talk over the matter ならどういう意味になりますか (正解、次頁下欄)。

hand over (手渡す) は、こちらから向こうへ、take over (引きつぐ) は、向こうからこちらへの意味合い、ラグビーやアメリカン・フットボールでよく出てくる turn over は、こちらから向こうへ、あるいは向こうからこちらへ、攻撃をひっくり返すことです。

ともあれ、このように出どころは同じでもさまざまに変化している概念を、状況に応じてあてはめ解釈しなければならないわけですが、その概念がわからないのか状況がつかめていないのか、おかしな訳にたびたび出くわします。

If you're going for a swim, you might as well jump into the water and get over that initial discomfort all at once.

水泳をしようとするなら、水の中へ本当にちょっと入ってみるとよい。そして、すぐその最初の不快さを憶えるのである。

(試訳) 水泳をするなら、いきなり水の中へとびこんで、最初のいやな感じから卒業してしまうのがいい。

We easily recognize the power that participation in such activities has over the minds of individual scientists.

科学者個々人の思惑を超えたところに、このような行動へと駆り立てる力が存在しているのを容易に認めることができる。

(試訳) このような活動に参加することが個々の科学者にどれほどの力を及ぼしているか、容易にみてとることができる。

〔註 power over ～ over は力の及ぶ範囲を示す。訳例は支離滅裂。〕

～ got run over

逃げた

(試訳無用)

over a bottle of wine

ワインの瓶を置いて

(試訳無用)

～ increasing our mental power over any given piece of information

---

前頁正解 その問題について語る〔over は「(全体に) 及ぶ」という感じ〕

与えられた一片の情報を越えてわたしたちの心的能力を増大させる〜

（試訳）　所与の情報を自由に支配する知的能力を増加させる〜

Virtue triumphs over vice.

善は悪以上の勝利をもたらす。

（試訳）　善は悪に打ち勝つ。

Two worldwars demonstrated the Promethean power of science over human affairs.

二つの世界大戦は、人類史上、科学者の持つプロメテウスの力を実証した。

（試訳）　二つの世界大戦は、人間社会を支配する科学のプロメテウス的な力をまざまざと示した。

Simon spent the morning dictating letters to everyone. Miss Dawkins sat deferentially over her pad.

サイモンは朝を皆に対する手紙の口述で過ごした。ドーキンズ嬢はうやうやしくクッションにすわっていた。

（試訳）　……ドーキンズ嬢はうやうやしく腰をおろして、便箋にペンを走らせていた。

いかが。最後にまちがえやすいフレーズを。

over centuries をなんと訳しますか。「数百年以上も」ではありませんぞ。正しくは、「何世紀にもわたって」。

should の倒置　逆立ちしても……

倒置だの省略だの、ちょっと正則からはずれた文章にぶつかると、面くらって妙なことになるのは英語初学者の常。いや何語でもそうでしょう。昔、外国人教授に「てやんでぇ」を説明するのに苦労したおぼえがあります。いや初学者とも限りません。りっぱな翻訳者でもミスをしでかす。逆立ちされると、逆立ちしても（翻訳）できなくなるようでは困ったものです。まず単純な倒置は日本語でもたとえば「バカだな、おまえ」とバカを強調したいようなときにしょっちゅう使われますが、英語も同じです。

Success always renders obsolete past realities.

という文章。なんのことはないのに、

成功は常に時代遅れの過去の真実を表わしている。

と珍妙な訳をする人がいる。あるいは、

Tedious indeed it must seem to plod year by year through the life of a scientist.

たしかに冗長ではあるが、それは科学者の生涯を１年ずつたどることであるにちがいない。

あまりにバカバカしいから正訳は書きません。

仮定法を勉強するときに、条件文の if をとって倒置することがあると教わったにちがいありません。これが難物らしいですね。仮定法が苦手な上に、倒置ときた！　そしてその仮定法に should が入っていたりするともうどうしようもない。拒絶反応だか、ヘビににらまれたカエルだか、頭がしびれてしまう——ように見受けられます。

1. Should the Big Powers engage in war, who can guarantee that it will not develop into such a deadly struggle?

　そのような死の戦闘へと発展しないよう、保証することのできる大国が、戦争に従事していいものであろうか。

2. His future career was vulnerable to ruinous retaliation, should the phone call fall of its purpose.

　彼の未来の地位は不安定であり、この電話も目的を達しそうもなかった。

今さら説明するのも気がひけるのですが、1の頭の部分は If the Big Powers should engage in war、2のうしろの部分は if the phone call should fall of its purpose と書きかえられます。1の訳文はそれがわかっていないだけではなく、who を関係代名詞、その先行詞を Big Powers と見たため奇想天外な結果になっています。「従事していいものか」とはどこからくるのか。2も同じ。「達しそうもなかった」とはまたどうして？　should の魔力ですかね。

(試訳)

1. かりに大国が戦争を始めるようなことになれば、このような死闘にならないと誰が保証し得よう。
2. この電話が用を果たさなければ、手ひどいしっぺ返しを受けて、将来を棒に振ることにもなりかねなかった。

idea——「アイディア」倒れ

idea をいつも「アイディア」にしていると転びます。それこそアイディア倒れですね。というのも、日本語で「アイディア」といえばだいたい「思いつき」の意味しかないからで、これまたあぶないカタカナ語の一つと見てよろしい。

「アイディア」とはずいぶん軽い感じの言葉ですが、もとの「イデア」はギリシア哲学の概念ですし、観念論 (idealism) もここから出ています。それはさておくとして、英語で idea といえば、いちばんふつうの意味は「考え」でしょうね。しかし、それでは間に合わないことがよくあります。誤解されることが多いのは have an idea という表現です。

We nearly always have some idea of the range of reasonable valuations.

われわれは大ていの場合、合理的な判断の範囲についてなんらかの考えを持つことができるのである。

全体を通じて雲をつかむようにわからないのは、訳者自身わかっていないからにちがいありませんが、とりわけよくないのは「なんらかの考えを持つ」です。バカでない限り、誰でもあることについて「なんらかの考えは持っていますよ——「そんなこと知らないね」という考えも含めて。idea を「アイディア」としないだけましですが、「考え」でもナンセンスなことに変わりなし。英英の辞書を見れば、idea について、

understanding, guess, feeling of probability

というような語義も出ています。そこで上の英文は、

（試訳） 私たちはたいていいつでも、これぐらいならよかろうというおよその見当はつけられる。

参考のために研究社『新英和大辞典』に出ている例文をいくつかあげておきます（あまりうまい日本語訳とは思えませんが）。

The book will give you a very good idea of life in Britain.
その本を読めばイギリスでの生活について大変よくわかるだろう。

I have no idea what you mean.

君の言うことがどんな意味か私にはさっぱりわからない。

I cannot get any idea (of) how deep the water is here.
この辺の水深がどのくらいか全く見当がつかない。

that——あれやこれや

バカみたいな話から始めます。日本語には「こ、そ、あ、ど」の体系というのがあって、物を指し示す言葉は話者からの距離に応じて、近い方から「これ」「それ」「あれ」となります。英語でこれに対応するのは this、it、that だと多くの人は思いこんでいるんじゃないでしょうか。かく言うぼく自身、昔はそう思っていたし、またそう教えられたような気もします。実はそうではない。英語の指示代名詞は、単数なら this、that しかありません。日本語の「これ」に相当するのが this、そして「それ」も「あれ」も that です。だけど、it も「それは」と訳すじゃないか、とおっしゃるでしょうね。たしかにそのとおり。でもその「それは」は物を指示しているのではなく、先行する語句や節の代わりを務めているのです(306ページ参照)。

that が「それ」でもあることは、日常よく使われる言い回しからも明らかでしょう。'That's right.' 'That's an idea.' あるいはハムレットのせりふ、"To be or not to be, that is a question." 誰もこの that を「あれ」とは訳しませんよね。要するにここで言いたいのは、that だからといって「あれ」に固執するのは、とんでもなくバカげているということです。

that は「それ、あれ」という指示代名詞、「その、あの」という指示形容詞のほかさまざまな機能を持っています。関係代名詞にもなれば、副詞、接続詞にもなる。as の働きぶりを八面六臂と言いましたが、that はそれどころじゃない。細かく分ければ、その働きは、十一面観音も文字通り顔負けでしょう。

こんなふうに一筋縄ではいかないところが翻訳者のミスを誘う。つまり、that の機能を見誤るわけです。以下、項目別に解説を加えながら誤訳例を紹介します。

not that ～

It is not that ～ の省略形で、that は接続詞として理由や根拠を示しています。シェイクスピアの『ジュリアス・シーザー』の中の有名なブルータスのせりふ

Not that I loved Caesar less, but that I loved Rome more.

シーザーを愛することが薄いのではない。ローマを愛することが深いからである。

このように、not that ～ のあとを but that でしめくくることもよく見られます。そして、いきなり not that が出てくるのではなく、必ずその前に何か叙述があり、それを受けて「(とは言っても) ～というわけではない」となるのです。ところが、

Not that Belladonna ever had any adventures.

ベラドンナは何もおかしな振舞いをしたことがありませんでした。

これは無考えに not を that の節の中に組みこんで any と結びつけてしまったんですね。

（試訳） といっても、ベラドンナはそれまでに何か冒険に出かけたことがあったわけではありません。

次も同じまちがい。

Not that she spent a lot of time with him when he was home.

彼が家にいるとき、彼女は長く一緒にいたことはない。

（試訳） 彼女は、彼が家にいれば一緒に長い時間を過ごした、というわけではない。

If he said so — not that I ever heard him say so — he told a lie.

もし彼がそのように——つまり、彼がそう言うのを私は聞いたことがないと言ったなら、彼は嘘をついた。

——があると、どこがどうつながるのかわからなくなって、said と that をくっつけたということですかね。

（試訳） 彼がそんなことを言ったんなら——ぼくは自分の耳で聞いたわけじゃないけれど——嘘をついたんだ。

in that ～

直訳風には「～という点で」（that は接続詞）で、つまりは理由・根拠を示すと考えられます。

This is a pathological condition in that it justifies a man in remaining passive.

これは病理学的な状態であり、そのような状態のもとでは、人が受動的なままでいることを正当化する。

この訳は that を代名詞と考えているようです。

（試訳 1 ）

これは、人が受身のままでいることを正当化してしまうという点で、病的な状態である。

（試訳 2 ）

これも病気の一種である。そのわけは、受身でいることを正しいように思わせてしまうところにある。

It was 'magic' in that it sought to operate an occult network of magical forces ramifying through the cosmos.

それは、宇宙全体に分岐している魔力の神秘的なネットワークに対して働きかけをするという「魔術」であった。

in を無視して that 以下を形容詞節（名詞を修飾）のように考えていますが、magic は形容詞ですからそれはむりというものです。

（試訳）　宇宙全体にこまかく入りこんでいる神秘的な魔力を動かそうと働きかけていたことからして、それはまさに「魔法」だった。

The ' images ' shown by these objects were all the finer in that they were clearly *natural.*

これらの対象物によってもたらされる〈イメージ〉は、対象物が天然のものである場合には、全く微々たるものである。

（試訳）　これらの物に見られる〈姿形《すがたかたち》〉は、はっきりと自然そのままであるだけに、いっそう美しかった。〔all the more という熟語に注意。意味は「それだけますます」〕

it ～ that ... **（仮主語・目的語と名詞節）**

that 以下の名詞節を仮主語あるいは仮目的語の it であらわすのはよく見る形ですが、時折妙な訳にぶつかります。

It is significant that he commented ...

彼は意味深長に言ったものである。

どうやらこれは it is ～ that ... を後述の強調構文のように

受け取ったようですが、significant は形容詞なので、そうはいきません。

（試訳） 彼が……と言ったのは重大だ。

そこで皆さんおなじみの強調構文

it is ～ that ...

文法上の説明は抜きにして、翻訳の立場からこれについて一言する必要があるのは、また学校の授業を批判することになりますが、it is ～ that ... の強調構文だからといって、「……は～だ」とうしろからひっくりかえらなければならないものではない、ということです（なにごとにつけ、ひっくりかえるのは、翻訳ではいいことではありません——時と場合によりけりながら）。臨機応変、たとえば「こそ」を使うなどすれば、強調の趣旨を生かすことはできるでしょうし、むしろ順序を崩さない方が強調がはっきりもします。もう一つ、誤訳防止の立場からすれば、先ほどあったように仮主語の it ～ that ... とまちがえないこと。まだありました。that がいくつも重なって出てきたときに、どの that が強調構文の that かを見誤らないこと。

It was the feeling that I was everybody's inferior that troubled me most.

1. それは、私をもっとも悩ませた、私がすべての人の後輩だという感覚だった。
2. 私が、私を悩ませるすべての人の部下であるというのは、気持ちだけのことだった。

1は2番目の that の先行詞を feeling と考え、2は everybody と考えたらしい。そのため最初の that は1の場合 feeling と同格の名詞節、2の場合 It を仮主語とする名詞節を導く接続詞になっています（言いかえれば、1では It が前のものを指す代名詞、2では仮主語）。

（試訳） 自分がみんなより劣っていると感じてしまうことこそ、私の最大の悩みのたねだった。

I should make it clear that it is not by making others suffer that we shall achieve our own happiness.

他人を苦しめることなくわれわれ自身の幸福を獲得すべきことを、私は明らかにしなければならない。

はじめに仮目的語の it があるので、そのあと二つ出てくる that を、いずれもそれを受けるもののように解釈しています。2番目の it is が宙ぶらりんになるのにね。

（試訳） われわれは、ひとを苦しめたとて自分が幸福になれるものではないことを、ぜひ明らかにしておきたい。

It is not material livelihood, but survival and human integrity that are the emergent issues.

それは物質的生活ではなくて、緊急の課題である生存と人間的高潔さである。

強調構文がわからずに、it を前のものをさす代名詞、that を直前の名詞につながる関係代名詞と見た、よくあるミスです。

（試訳） 物質的な暮らしのよしあしではなく、生きるか死ぬか、人間として全きものでありうるかどうかが、喫緊の問題なのだ。

I think it's the trip that you take with someone else that empowers you to act.

それはあなたに行動する力を与えてくれる誰か他人を伴ってあなたがする旅なの。

これも同じ。that が二つとも直前の名詞につながる関係代名詞になってしまった。

（試訳） あなたは誰かといっしょに旅をすれば、行動力が出てくると思うの。

that 指示代名詞？ 関係代名詞？ 接続詞？

関係代名詞の取りちがいが出てきましたが、似たようなミスがいろいろあります。

We can proceed from the physical laws that we know, and that applies to events on earth in the same manner.

われわれは、既知の物理学法則、地上の事象に同じくあてはまる法則から出発することができる。

二つ目の that も関係代名詞と見ていますが、それなら動詞が applies と単数形になるはずはありません。つまりこの that は指示代名詞ということです。そこで

（試訳） われわれは、既知の物理学法則を出発点とすることができるし、またそのことは地上の事象に同じようにあてはまるのである。

I read criminal cases in the newspapers to get a hint that I might work upon.

私は、私にも仕事ができるだろうというヒントを得るために新聞の犯罪記事を読んだ。

英文の最後の upon は前置詞以外の何ものでもありません。前置詞なら、その目的語の名詞がなければならず、それは a hint 以外に考えようがないでしょう。つまり that は hint を先行詞とする関係代名詞で、that 以下は訳文に示されているような目的節でもなければ、hint と同格の名詞節でもありえません。その関係文を解きほぐせば I might work upon it [the hint] となるわけ。そこで、

（試訳） 私は、自分の仕事のヒントになりそうなものを求めて新聞の犯罪記事を読んだ。

The principle of security comes to be enshrined, through the willful illusion that the young person has already tested all possibilities open to him.

安全の原理は、意図的な幻想によって温存されるようになる。そしてこの幻想というのは、青年が自分に開かれたすべての可能性によって、すでに試験済みのものなのである。

that は関係代名詞ではありえません。関係代名詞なら主語か目的語ですが、その節には主語も目的語もすでにれっきとしたものが備わっています。この訳文は that を目的語に仕立てるために、「可能性によって」とありもしない前置詞を「意図的な幻想によって」作り出しているようですね。

(試訳) この安全の原理は、当の青年が、自分の前に開かれた可能性はすべてためしてみたという幻想をことさらに抱くことによって、そのまま大切に残される。

that is how ～、that is what ～

that は指示代名詞で、少しもむずかしいことはなさそうなのに、妙なことが起こるのが不思議！

" He's back," she said. At least that was what it sounded like.

「もどったわ」。その声は何かほかの音のようだった。

that は“He's back.”という言葉を指します。したがって、文字どおりに言えば、「He's back というのが、その声の似通っている音だった」ですが、まさかそうは書けません。

（試訳）「彼もどってるわ」と彼女は言った。少くともそんなふうに聞こえた。

Because his talents involve the making of money, that is what the successful athlete will perpetuate in his own life after his playing days are over.

スポーツ選手の才能は、金儲けをその重要な一部としている。つまり、スポーツ選手として成功した人は選手生活が終わった後もスポーツ界にとどまるわけである。

ミスの原因は一目瞭然。that is を、その形の公式があるのをこれ幸い、「つまり」とやってしまったんですね。ヘタクソ翻訳者のおちいる通弊は、自分の知っている構文や熟語を拾い出して、前後の見境なく、むりやり公式にあてはめてしまうことです。that is――そうだ、「つまり」っていう熟語だと思いこんだが百年目。後半の主語述語の関係も関係代名詞の what も吹っ飛んでしまう。

（試訳）スポーツ選手の才能の中には、金儲けもその一つとして含まれているので、選手として成功した人は、選手生活が終わったあとも、ずっと生活の中に金儲けを生かしていくことになる。

Species form part of the heritage of humanity. That is how many people perceive species.
種《しゅ》は人類が継承した財産の一部である。それではどれだけ多くの人が種というものを理解しているだろうか。

この珍妙な訳の由来も一目瞭然。たまたま隣り合わせになった how と many をくっつけて「どれだけ多くの」にし、宙ぶらりんになった that is を「それでは」と解釈した。ずいぶん無茶な横車を押すものです。

（試訳） さまざまな生物の種《しゅ》は人類が受けついだ財産の一部である。多くの人は種をそのように考えている。

老婆心までにもう少し説明すると、how は (in) the way in which と置き換えられるので、That is how many people perceive ...＝That is the way in which many people perceive ... つまりは Many people perceive ... in that way となるわけ。that is what ～ も同じように考えればよろしい (that is what ～ = that is the thing which ～)。

that　副詞

えぇっ、that が副詞？　なんて驚くようでは困る。the だって副詞になりますよ。まさか。いや、ほんと。the more ～ the better ... の the は副詞です。
それはさておき、that を副詞に使うのはアメリカ英語ではごく普通ながら、イギリス英語ではちょっと下品な言い回しのようです。that much は「そんなにたくさん」で、ちっともむずかしいことはないのですが、いろいろな that がいっしょに出てくると、頭がごちゃごちゃになる。よくあることです。

To find a paper in *The Physical Review* that is that good and that brief, you will have to wait a hundred years.

『フィジカル・レヴュー』の中の一つの論文を見れば、それは手頃の長さですが、100 年待たねばなりません。

何を言っているのかまるで不明。最初の that は関係代名詞（先行詞は paper)、あとの二つは副詞です。

（試訳）『フィジカル・レヴュー』に、それほど短く、しかもそれほどりっぱな論文が出るのは、あと 100 年待たないとだめです。

最後におなじみ——

so that ～ ; so ... that ～

so that ... may ～ は目的、so ... that ～、so that ～ は結果というふうに学校では教えられるようですが、あまりこだわらない方がいいと思います。こだわるから、目的なら「～するように」、結果なら「非常に……なので～」あるいは「そのため～」でなければまちがっているように思ってしまう。そんなことはありません。目的か結果か、それほどはっきりしないこともあるし、また仮にはっきりしている場合でも、定訳が絶対ということはない。たとえば、

The bridge is built wide so that four cars can run side by side.

という英文は、

その橋は自動車が4台並んで走れるように広く作ってある。

でも、

その橋は広く作ってあって、車が4台並んで走れる。

でもかまわないでしょう。おんなじことですよ。

また、ある文法書には、not so＋形容詞（〜）＋that ... のように否定のあとにつづくときは、「……するほど〜ではない」とあとからひっくり返して程度をあらわすべきだと書かれていますが、これもそうでなければいけないということにはなりません（ひっくり返しがよくないことは前に言いました）。

He is not so old that he cannot work.
彼は働けないほどの年ではない。

これを、

彼はまだそんなに年じゃないから、働けないことはない。

と書いて悪いわけはないですね。

それはそうと、こんなふうに否定が前にくっついている文章はたしかにむずかしくはあります。

No slip of pen was so absurd that it could not be hailed as a bold stroke of genius.

書き損じもあまりおかしくはなかったので、それを天才の大胆な筆づかいと呼ぶことはできなかった。

頭が混乱して、はなはだ筋の通らないことになっています。「あまりおかしくなかったので、天才の大胆な筆づかいと呼べない」ですって？　それなら、天才の大胆な筆づかいと呼べるためには、なにはともあれおかしくなければならない——うっそー！

He is not so old that he cannot work. を「そんなに年じゃないから働けないことはない」としてもいいのと同じように、「天才の大胆な筆づかいといえないようなおかしな書きそこないは一つもない」も、裏を返せば——

(試訳)　どんな書きそこないもこっけいとは見られない。すべて天才の大胆な筆づかいとほめそやされた。

There is nothing so unique about this development in adolescence that its fruits are to be seen only in people who are deviants.

青年期におけるこの発達ほどユニークなものはほかにない。もっともその結実は、逸脱者である人々にのみ見受けられるものである。

so that の構文を全く無視した——というよりまるっきりわからなかった訳文。nothing so unique as this development のように読んでいます。正攻法で訳し直すと、

（試訳）　青年期のこの発育には、結果が異常者だけにあらわれるような特異なものは全くない。

it——「それ」かあらぬか

that にこれだけページ数を費したとなると、it にも多少は言及しないと公正を欠きそうなので——。

これまで——とくに that の関連で——it がたびたび出てきました。とにかく it は便利きわまりない言葉で、英語ではやたらめったら使われます（英語だけではなくドイツ語やフランス語でもそう。it に相当する言葉にしょっちゅうぶつかる）。実はぼくは、it にはこれといって（「それ」といってかな）意味などなく、ただかっこづけに使われるだけではないかとさえ思っています。先行する語句をあらわすというくだりで、文の構成上おさまりがつかないから it を主語や目的語に入れるという話をしました。that のと

ころで出てきた it 〜 that の仮主語・仮目的語、it is 〜 that の強調構文もそうです。長いものを主語や目的語にするのはかっこうが悪いから、とりあえず it でていさいをととのえておく、というのがねらいですね。状況の it というのもあります。天気や時間も it であらわします。日本語なら全然不必要。つまり、翻訳にあたっては、そんなもの知らん顔して一向さしつかえないということでしょう。

ところが、英語を勉強すると it は「それ」だと教えられる。それが頭にしみこんでいるものだから、it にぶつかると、それっとばかりに「それ」と翻訳してしまう。そういうことじゃないでしょうかね。その手のおかしな訳をずらりと並べてご覧にいれます（カッコ内は試訳）。

" Then I'll take it easy."
「その時になれば、私はそれをもっと楽に扱うだろう」。
(「その時にはもっとのんびりやろう」。)

これは「状況の it」と言うんですかね。ついでながら、文法的説明がなければ収まらない人のためにつけ加えると、take は take for granted の take と同じで「考える」という意味。「状況」を easy（気楽）なものに考える、です。文型で言えば、ＶＯＣかな。

It was quite a time before twentieth century music began to recover from …

それは、20 世紀音楽が……から回復し始める直前のことであり……
（20世紀音楽が……から回復するには、ずいぶん時間がかかった。）

よくもまあ、と言いたくなるような訳ですね。こういうquiteは要注意。quite a fewは「かなりたくさん」（only a fewが「ほんの少し」であるのに対して）。ところが、

I could have collected quite a few of them.
これをいくつか集めることができたでしょう。
（集めようと思えば、たくさん集められただろう。）

と訳す人がいます。

It is time someone tried to find out whether his voyage was feasible or not.
多分それが、彼の航海が実行可能だったかどうかはっきりさせたときなのである。
（もうそろそろ、彼の航海が実行可能だったかどうか、誰かが確かめてもいいころだろう。）

it is (high) time 〜 という成句も要注意。このあとに仮定法過去を使うのが英語のおもしろい——というか妙なところで、当然なんとかしていなければならないのに、現実にはしていないから仮定法、という理屈です。

It is much more reassuring to see the world in terms

of totally innocent victims and totally evil instigators.
そのことは、一方ではまったく罪のない犠牲者があり、他方ではひたすら悪いばかりの煽動者がいることからこの世界を見てみるとき、いっそうはっきりしてくる。
（この世の中を、100パーセント罪のない犠牲者と100パーセント悪者の対立というふうに眺めれば、ずっと気が楽だ。）

It was only necessary to find that quantity.
それはたんにその量が見出せるという必然性にすぎなかった。
（必要なのは、その量を発見することだけだった。）

It was not too long before ...
それはあまり昔のことではなくて……
（大して時を経ることなく……）

It follows from these considerations that ～
それは～という考察から生じてくる。
（このように考えると、いきおい～ということになってくる。）

どこまでつづくぬかるみぞ……。
「おお、それ、見よ」（O《オー》, sole《ソレ》 mio《ミオ》）とだじゃれの一つも言いたくなりますね。

第７章

翻訳演習 100 題

翻訳というのは、いくら理屈を聞いてもだめで、実際にやってみなければ上達する気づかいはありません。それも、昔、文士のもとで住み込みの徒弟修行をしたのと同じように、翻訳家にべったり密着してきびしい指導を受けるのがいちばんだと思いますが、今の時代におそらくそんなことはやれもしないし、やる気もおきないでしょう。ただ、それくらい実践がものをいうということです。

名訳と称せられるものを、原文と照合しながら仔細に検討して技術をぬすむのも、上達の非常に有力な手段です。また、日本文学の英訳を逆に翻訳して、原文とくらべ、英語のニュアンスを学ぶと同時に、原作者の表現術を自分のものにするという手もあります。ただしこれは、英訳自体に優劣がないわけではない上、日本語と英語のニュアンスの必然的な、やむをえないズレを了解できるだけの力が自分にそなわっていなくてはならないので、初学者にはむりかもしれません。

ともあれ、いずれの方法も独学でできること。ここではもっと初学者向きに、簡単な文章を100題並べ、それを翻訳してもらうことにします。問題はすべて高校のリーダーからとったもので、語学的には決してむずかしくありません。しかし、翻訳するとなれば、いろいろ注意すべき点があるわけで、そのポイントを問題ごとに付記しておきます。ぼくの試訳と、必要ならばコメントを最後に書いておきますから、自分でつくった翻訳と比較してみて下さい。試訳が最上の模範解答というわけではありません。あくまでも参考訳で、文脈、状況によって変化が出ます——念のため。

前章まで誤訳・悪訳をたくさん紹介しましたが、そのねらいは「ひとのふり見て……」にあり、「わがふり」をととのえるのが重要なことは言うまでもありません。そして何はともあれ readable な日本語を書くこと。それを第一の目標にして下さい。

*　*　*

［問題］

(1)　" My aunt's husband and her two brothers went out for a day of duck hunting. They never got back. We don't know the exact circumstances, but we assume that, in crossing the land to their favourite hunting place, they were all caught in the marshes."　［代名詞］

(2)　" My aunt often tells me how they went out, her husband with his white raincoat over his arm and her youngest brother ..."　［代名詞］

(3)　" Now look, here's a little cheque I was meaning to give you. Suppose you take it and pay off just one of your bills — so that you can say one thing at least really belongs to you."　［代名詞、suppose］

(4)　" One cannot mend the worn-out elbows of a coat by rubbing the sleeves or shoulders.　［one］

(5) I was very sea-sick, and it was so dark one could see nothing. [one]

(6) " You see, Aunt Jane, we realized how uneconomic it is to go on paying rent year after year, when you can buy and employ a home of your own for ten pounds."
[you]

(7) Later, when Mother taught us the Lord's Prayer, she put her heart into it. You tried to say it as she did, and you had to put a little of your own heart into it. [you]

(8) His fright at finding a cricket in bed with him created much amusement. [無生物主語]

(9) She tried to look interested in Framton's dull description of his illness. [名詞→動詞]

(10) They spend enough time with girls to assure an early marriage. [名詞→動詞]

(11) The work that goes into the making of such a home is tremendous. [名詞→動詞]

(12) Jupiter discovered the theft of his fire.
[名詞→動詞]

(13) In the handwork age there was no compulsion to be aware of minutes and seconds. ［名詞→動詞］

(14) The very slightest appearance of favouring one child at the expense of another is instantly observed.
［無生物主語］

(15) Everything would have been all right even without these frequent visits to the houses of complete strangers.
［仮定法、名詞→動詞］

(16) " Such an experience would make anyone behave strangely." ［無生物主語、仮定法］

(17) " A hundred little things might have told me, if I had had any sense." ［無生物主語、仮定法］

(18) These early marriages are placing new responsibilities on young people. ［無生物主語］

(19) Cheap mailing rates make the use of the letter possible to everybody. ［無生物主語］

(20) A few cents a day supply us with news of all important happenings of the world. ［無生物主語］

(21) Prometheus knew that someday he should be set free, and the knowledge made him strong to endure.
[無生物主語]

(22) Their own experiences will have taught them how to deal with people who are really bad.
[仮定法、無生物主語]

(23) I hoped these thoughts would prevent me from forgetting the value of what I had left behind.
[無生物主語]

(24) The first light of day found her lying in the road.
[無生物主語]

(25) Under the Hudson are tunnels through which automobiles run from one state to the other. [関係文]

(26) They all go to a large dining hall where the meals are taken together by all the boys. [関係文、受動態]

(27) It [certain food] is passed on to another boy who waits until the master is not looking and then puts it quickly on the plate of the boy next to him. [関係文]

(28) This is where the computer comes in. [関係文]

(29) Whenever you [Uncle] are away from me I shall be thinking of all the automobiles that can run over you.

[関係文]

(30) In this rush toward early domestic responsibility that seems to characterize American family life today, many valuable things have been sacrificed.

[名詞→動詞、関係文]

(31) Friendships and competition with other young men, which for generations have been considered a necessary part of a boy's training for manhood, are pushed aside or obtained at the expense of the young husband's time at home. [関係文]

(32) The lowering of the age of responsibility is hard on those aspects of our national and international life that call for new ideas and new leadership from young adults.

[名詞→動詞、関係文]

(33) As we meet new things with which we become acquainted, we acquire new words to add to that first one. [as, 関係文]

(34) Our notion of time as a collection of minutes, each of which must be filled with some business or amusement, is wholly alien to the Oriental. [as, 関係文]

(35) Their [of the romances] existence is an index of the frustration that attend the desires of so many people in the modern world. [名詞→動詞、関係文]

(36) He was curious about whether or not the lady whose house he was visiting was one of those his sister considered 'quite nice'. [関係文]

(37) We are all familiar with the cries and actions of domestic animals by means of which they make themselves understood. [関係文]

(38) People whose object in reading is to escape the problems of life may cease to listen to my argument. [関係文]

(39) You can get away from envy by avoiding comparisons with those whom you imagine to be more fortunate than yourself. [代名詞、関係文]

(40) He was walking alone melancholy, thinking about political or military misfortunes which he said he expected within two years. [関係文]

(41) The time of which we have knowledge is artificial time. [関係文]

(42) Painting is a companion with whom one may hope to walk a great part of life's journey. [関係文]

(43) We must face up to the waste and abuse of those resources on which the public happiness depends. [関係文]

(44) I could plainly see by the way the sailors looked toward the side the wind came from, that we had bad weather to prepare for. [関係文]

(45) Some of the greatest men in English history have been those who were the heroes of the boys with whom they went to school, and who were the leaders of those who took part in all the pranks of their schooldays. [関係文]

(46) A brake is put on divorce by the meaning and value placed on this homelife shared equally by the husband and wife. [受動態]

(47) Neither the home nor the things in it are fully paid for. [受動態]

(48) Distributive justice must be observed by anyone who has children to deal with. [受動態]

(49) Erect position is not natural to man, has only been painfully acquired, and is only with fatigue and difficulty maintained. [only, 受動態]

(50) The parts of machines can be figured out by scientists, without even bothering to go through the long-drawn out tests that once were needed. [受動態]

(51) We were allowed no light to find anything with. [不定法]

(52) It is strange to think that we can look at their [primitive people] instruments in our museums without knowing what tunes came out of them. [不定法]

(53) He tried to continue the conversation, but he couldn't think of the right things to say. [不定法]

(54) Always before I could be carefree, because I had nothing precious to lose. [不定法]

(55) The new generation has all the experiences of the past generation to benefit by. [不定法]

(56) Merely to realize the causes of one's own envious feelings is to take a long step towards curing them.

[one, 不定法]

(57) If anyone would make me the greatest king that ever lived, with palaces and gardens and fine dinners, on condition that I should not read books — I would not be a king. [下線部]

(58) We cannot read a good and interesting book for an hour without being the better and happier for it. [下線部]

(59) We cross the field, with the wet trickle of grass against our legs. [with]

(60) As the curtain rises the lounge is empty, but Jack and Jill come in immediately, followed by Aunt Jane. [as]

(61) In spite of being happier than I ever dreamed of I could be, I'm also be serious. [下線部]

(62) They draw their chief supply of nourishment from their host, as the plant is called upon which they fasten themselves. [as]

(63) By the time young men reach high school, they are expected to decide on their careers. [by]

(64) She [the young wife] may also have to get a job later on as well, so that she and the husband can keep up the payments on the things they bought, or so that they can be replaced when they become old-fashioned.

[下線部]

(65) Both sexes have been brought up primarily by women, and boys had to learn how to be " not women " before they could learn to be men. [before]

(66) Even after my father's death, when she [Mother] was grief-stricken and seriously troubled, she was not short with us. [when]

(67) In later years, when the purchase of such things for her would have been easy and a privilege for me, she [Mother] spoke not a word of her desires.

[when, 仮定法]

(68) I no longer reprove her when she let someone take unfair advantage of her, as I might have when I was younger. [下線部]

(69) She [Mother] saw to it that as little girls we said our prayers. [as, 下線部]

(70) He spent the years of the First World War studying chimpanzees, in their ability to communicate one another. [下線部]

(71) In the East we do not have to endure weeks of dry weather before we can enjoy the rain. [before]

(72) " Bring me a pail of berries before I take this crutch and kill you ! " [before]

(73) It was noon before the pail was full. [before]

(74) She stared wild-eyed as she saw one of the men and a girl wade out of the water and stand on the bank a moment before diving in again. [as, before]

(75) Shakespeare had sympathy of the individual common man, as can be easily seen from a study of his plays. [as]

(76) It is Shakespeare's understanding of the permanent qualities in human nature that gives to his characters their unchanging appeal to his readers. [強調構文]

(77) The old artisan worked as it suited him, with the result that consumers generally had to wait for the goods they had ordered from him. [as, 下線部]

(78) He does not care about each minute, for the good reason that he has not been made conscious of the existence of minutes. [下線部]

(79) A man can wear out a particular part of his mind by continually using it. [can]

(80) It was a very sweet half hour before your doctor came and sent me away. [before]

(81) The worst form of contamination can be undone, if at all, only at enormous expense. [下線部]

(82) It was only after many hesitations that he told me the truth. [only]

(83) Of natural time, as it is measured out by sun and moon, we are almost wholly unconscious. [as]

(84) The wet mists clung to her hair as she ran towards the pasture. [as]

(85) These are schools where the boys live during the term and do not go to their homes except for the half-term holiday. Even then they are only generally allowed to stay away for the day. [関係文]

(86) Shakespeare seemed to have thought it was his duty to show the world in the way it is, not as he thought it should be. ［下線部］

(87) I remind Mother that she should be getting to bed early. ［間接話法］

(88) I wrote her to ask her whether there was anything she had dreamed of having and that she had not been able to have.（以下(91)まで she, her は Mother を指す）

［間接話法、関係文］

(89) I told her at last it was within my power to give her something that could only have been imagined long ago.

［下線部、間接話法］

(90) Mother replied that it thrilled her to have such a letter, but she did not know what I could do for her.

［間接話法］

(91) As we grew older she always asked, when she put us comfortably into bed, whether we had said our prayers.

［as, 間接話法］

(92) When one of our maids became pregnant and we said that she was not to be expected to lift heavy

weights, the instant result was that none of the others would lift heavy weights. ［間接話法］

(93) The Titans answered Prometheus by a shower of great rocks and uprooted trees. ［下線部］

(94) A smile that was the beginning of laughter made her the most beautiful woman. ［無生物主語］

(95) Reading for the sake of distraction is probably the main way in which many people come to reading. ［関係文］

(96) They are not books in the sense in which I am using the word. ［関係文］

(97) In the ordinary traffic of living we can know few other human beings with anything like intimacy. ［下線部］

(98) They will be trying to find something in her appearance they can make fun of. ［関係文］

(99) Mother will find it embarrassing that I speak of her in print. ［下線部］

(100) I was left open to the full impression of everything

about me. ［下線部］

［解答］

(1) 「おばの主人と弟ふたりが、1日カモ猟に出かけ、それっきり帰ってこなかったんです。事情ははっきりわかりませんが、いつもの猟場へつっ切って行く途中で、みんな沼にのみこまれたんだろうと思います」。

(2) 「おばは、みんなが出て行ったときの様子をよく話してくれます。おじは白いレインコートを腕にかけ、おばの末の弟は……」

(3) 「ねえ、いいこと。少しだけど、この小切手、あなた方にあげようと思ってきたのよ。これで、一つでもいいから請求書の支払いをすませたらどう？　そうしたら、一つだけでもほんとうに自分のものだと言えるじゃないの」。
(何もかも月賦払いですませている若夫婦のところへたずねてきたおばさんのせりふ)

(4) コートのひじが抜けたのは、そでや肩をごしごしこすったって直るものではない。

(5) 私はひどく船に酔っていたし、暗くて何も見えるどころではなかった。

(6) 「ねえ、ジェーンおばさま。10ポンド出せば自分のうちが買えて住めるっていうのに、毎年毎年家賃を払うなんて、ほんとうに不経済だと思いましたのよ」。
（最初の‘you’はおばさんをさしますが、あとの‘you’は、誰と限りません。‘one’と同じことです。）

(7) のちに、母は主の祈りを教えてくれましたが、母は心をこめてその祈りをとなえていて、こっちも母の言うとおりにとなえて、小さいなりに自分の心をこめなければいけなかったのです。
（この‘you’も自分を含めた非人称です。）

(8) その子の寝床にコオロギがはいっているのを見てびっくりするのが、とてもおもしろかった。

(9) フラムトンがだらだらと自分の病気の話をするのに、彼女はなんとか興味を持っているふりをしようとつとめた。

(10) 彼らは早く結婚ができるように、女の子とよくつき合う。

(11) こういう家庭をつくるには、たいへんな働きが必要になる。

(12) ゼウスは火がぬすまれたのに気づいた。

⒀　手工業の時代には、分秒までむりやり意識させられるようなことは、まったくなかった。

⒁　ひとりの子どもだけかわいがって、ほかの子をほったらかすような様子が少しでも見えると、たちまち感づかれる。

⒂　見も知らぬ他人の家をこんなふうにたびたび訪れなくても、万事うまくいっただろう。

⒃　「こんな経験をすれば、誰だっておかしなことをやるものよ」。

⒄　「私の勘さえよければ、なるほどと思うことがたくさんあったでしょうに」。

⒅　このように結婚が早くなっていることから、若い人たちには新たな責任がふりかかっている。

⒆　郵便料金が安いので、誰でも手紙を利用することができる。

⒇　日に数セントも出せば、世界中のありとあらゆる重大事件のニュースを知ることができる。

(21)　プロメテウスは、いつかは自分も解放されることを知っていて、また知っていればこそ、苦しみにたえる力も出た。

(22) 自分で経験を積んで行くうちに、ほんとうに悪い人間をどう扱うべきかもわかるだろう。

(23) こんなことを考えていれば、あとに残してきたものの値打ちを忘れることもあるまいと思ったのだ。

(24) 夜が明けると、道路に横たわる彼女の姿があった。

(25) ハドソン川の下にトンネルが通じていて、車が向こうの州からこちらの州へと渡ってくる。

(26) 子どもたちはみな食堂へ行き、そこで全員一緒に食事をする。

(27) その食べ物を別の子の皿に移すと、またその子が、先生がよそ見するのを待ちかまえて、隣の子の皿にさっと移す。

(28) ここでコンピューターが登場する。

(29) おじさまがそばにいらっしゃらないときには、車がおじさまをひいてしまうんじゃないかと、そんなことばっかり考えています。

(30) このように誰もかれも若いうちに家庭の責任を持とう

とするのが、今日のアメリカの家庭生活の特徴のようで、その状況の中で、多くの貴重なものが犠牲にされている。

(31) ほかの青年との友情や競争が、これまで何代にもわたって、子どもがおとなになる訓練として欠かせないものと考えられてきたが、今はかたわらに押しやられ、またそれを獲得するにしても、若い夫の家庭での時間がそのために犠牲になる。

(32) 新しい理念や指導性を若い人に求めるのが、今や国家的・国際的な要請で、そのような局面から眺めれば、責任負担年齢が低くなるのは、具合の悪いことではある。
（これは非常に翻訳しにくい文章だと思います。'national and international life' については、「国家生命」「国際生命」などという言葉はもちろん日本語にはなく、たとえばアメリカならアメリカが一つの国として、また国際社会の一員として、活動すること、と考えればいいでしょう。その活動にはいろいろな面があって、その中に、若い人の力を必要とする部分がある。みなが早く結婚してしまうと、その力が得にくくなる、というのが全文の趣旨です。）

(33) 新しいものにぶつかって、それとなじみになるにつれ、私たちは、最初におぼえた言葉の上に、さらに多くの言葉を身につけていく。

(34) 時間は分の集まりで、その１分１分を仕事や遊びでうめていかなければならない、というわれわれ西欧の時間概念は、東洋にはまったく無縁のものである。

(35) ロマンスが存在するということは、現代社会の多くの人が何かを願いながら、その願いがかなえられないことを如実に示している。

(36) 今こうして訪ねている夫人が、姉の頭にあった「とってもすてきな方」かどうか、彼は知りたくてたまらなかった。

(37) 家畜が啼《な》き声や動作でお互いに理解し合っていることは、みなよく知っている。

(38) 人生のいろいろな問題から逃げ出すことを読書の目的にしている人は、私の言い分に耳をふさいでも結構だ。

(39) この人は自分よりもしあわせなのだと考えてあれこれくらべてみることをやめれば、うらやみを持たずにいられる。

(40) 彼は、政治上・軍事上の災難をあれこれ思いめぐらしながら、ひとりさびしく歩いていた。２年以内にきっとそういう災難が起こるというのだ。

(41) われわれの知識にある時間は、人工の時間である。

(42) 絵をかくことは、この人とならば行路の大半を共にしていいなと思うような、人生の伴侶である。

(43) われわれは、大衆の幸福を左右する資源の浪費・濫用を直視しなければならない。

(44) 水夫がどちらから風が吹いてくるか見さだめているその様子で、しけにそなえなければならないことがすぐわかった。

(45) イギリスの歴史に名を残す偉人の中には、通学仲間のがき大将だった人、学校時代にさんざんいたずらをしでかした生徒のリーダーだった人もいる。

(46) 夫と妻が対等にいとなむ家庭生活に意味と価値を置くことで、離婚に歯止めがかけられる。

(47) 家も、家の中の道具も、払いが完全にはすんでいない。

(48) 子どもを相手にする人は、みな、公平な配分をきちんと守らなければいけない。

(49) 直立の姿勢は人間には自然ではなく、苦しい思いをしてやっと身につけたもので、その姿勢を保っているのはとてもくたびれるし楽ではない。

(50) 機械の各部分を科学者は計算して出してしまう。昔は長期間のテストが必要だったがそんなことはわざわざやるまでもない。

(51) 何かをさがそうにも、あかりをつけることが許されていなかった。

(52) 考えてみれば妙なもので、その人たちの楽器を博物館で見ながら、いったいどんな音が出たのか、私たちは知らないでいる。

(53) 彼は会話をつづけようとしたが、何を口にしたらいいのかわからなかった。

(54) 今まではずっとのんきでいられました。なくしたら困るような大事なものを持っていなかったからです。

(55) 新しい世代は、古い世代のいろいろな体験を自分のものにして、そこから利益を得ることができる。

(56) うらやましいという気持ちの根元を知るだけでも、それをなおす方向へ何歩も進んだことになる。

(57) かりに誰かが、宮殿と庭園とすばらしいご馳走つきの、古今未曾有の大王にしてくれると言っても、本を読んではならぬという条件がついていれば——私はなろうとは思わない。

(58) おもしろくてためになる本を1時間でも読めば、それだけりっぱに、また幸福になるものだ。

(59) 野原を歩くと、ぬれた草の葉が脚にこそばゆい。

(60) 幕があがると広間には誰もいない。が、じきにジャックとジルが登場し、つづいてジェーンおばさんがあらわれる。

(61) 今まで夢にも思わなかったほどしあわせなのに、同時にまた深刻な気持ちにもなっています。
（これは構造的に非常にむずかしい文です。happier than … I could be の間に I ever dreamed of という節が挿入されていると見ればいいでしょう。）

(62) 彼らは、養分を主に宿主から得ている。宿主とは、彼らがとりついている植物のことである。

(63) 若者は、高校へ進学するころには、自分の進路をきめなければならない。

(64) 若い妻は、その後も職につかなければならないかもしれない。それで、買ったものの払いを夫ともどもつづけていくことができるし、買ったものが時代遅れになったときには買いかえることもできるわけである。

(65) 男の子も女の子も、育てるのは最初は女手で、男の子は、まず「女らしくなく」なることをまなんで、はじめて男らしくなることができた。

(66) 父の死後、母は悲しみにうちひしがれ、悩みも多かったのですが、そのときも私たちに不きげんな様子を見せませんでした。

(67) のちには、母にこういうものを買ってあげるのも私には大したことではなく、むしろ大きな喜びになったでしょうが、母は自分の希望は一言も口にしませんでした。

(68) 母が誰かにまんまとつけこまれても、私は、もっと若いころなら母に文句を言ったでしょうが、今はもう何も言いません。

(69) 母は、私たちも女の子なりにお祈りをするように気をつけていました。

(70) 彼は、第１次大戦中の数年を、チンパンジーの相互のコミュニケーション能力の研究にすごした。

(71) 東部では、乾燥した天気を何週間も辛抱するまでもなく、雨にめぐまれる。

(72) 「バケツにいっぱいいちごをつんでおいで。まごまごしていると、この杖でたたき殺すよ！」

(73) ひるになっても、バケツはいっぱいにならなかった。

(74)　ぎらぎらするような目で見ていると、男のひとりと女の子が水から出て土手に立ったかと思う間もなく、また飛びこんでいた。

(75)　シェイクスピアはひとりひとりの庶民に共感を持っていた。そのことは、彼の劇を研究してみればすぐわかる。

(76)　シェイクスピアが人間性の不変の性格を知《ち》悉《しつ》していたからこそ、その作品の登場人物は読者にとっていつも変わらぬ魅力の持ち主となっているのである。

(77)　昔の職人は気の向くままに仕事をしていた結果、消費者は注文した品ができるまで待たなければならないのが普通だった。

(78)　彼は１分１分のことなど気にしない。それには十分の理由があって、彼はそんな分の存在まで意識させられたことがないのだ。

(79)　人間は、精神の特定部分ばかり使いつづけていると、そこをすりへらしてしまうことになる。

(80)　とっても楽しい30分でしたが、そこでお医者さまがいらっしゃって、外へ出されてしまいました。

(81)　最悪の汚染は、修復ができるとしても、莫大な費用がかからずにはいない。

(82) 何度もためらったあげく、やっと彼は真相を語ってくれた。

(83) 太陽と月の運行ではかられる時間は、ほとんどわれわれの意識のうちにはない。

(84) 牧場めがけて走って行く彼女の髪に、しめった霧がまつわりついた。

(85) こういった学校では、子どもたちは学期の間ずっと学校に寝泊りしていて自宅には帰らない。帰るのは学期なかばの休日だけで、そのときも、普通は、1日外にいることを許されるだけである。

(86) シェイクスピアは、かくあるべしと考えた世界ではなく、ありのままの世界を見せることが自分の本分だ、と思っていたようだ。

(87) 母に、さっさと寝ないとだめじゃない、と注意するのです。

(88) 母に、何かほしいなと思ったもの、思っただけで手に入れられなかったものはありませんか、と手紙でたずねました。

(89) 以前には頭の中で思い描くだけだったものでも、お母さんにあげられるような力がやっと私にもできました、と母に言ってやりました。

(90) 母が答えるには、こんな手紙をもらってぞくぞくするほど嬉しいけれど、おまえに何をもらったらいいかわからない。

(91) 私たちが大きくなるにつれて、母はいつも私たちを寝かしつけながら、ちゃんとお祈りをしましたかとたずねるのでした。

(92) メードがひとり身重になったので、もう重いものは持たないでよろしいと言ったところが、たちまち、だれひとり重いものを持とうとしないことになってしまった。

(93) 巨人族は答えるかわりに、プロメテウスの頭上に巨岩大木を雨と降らせた。

(94) 笑いが今にもはじけ出そうなほほえみが、彼女を最高の美人に仕立てていた。

(95) 気晴らしのための読書が、おそらく、多くの人が本に接するいちばん大きなきっかけだろう。

(96) そういうものは、私が本と言う意味での本ではない。

(97)　ふだんの生活では、他人のことはわからないもので、懇意といえるような人はわずかしかいない。

(98)　みんな、彼女の風采《ふうさい》に何か笑いのタネにできるものはないかとウの目タカの目になる。

(99)　母は、私が母のことを活字にしていると知ったら、さぞかし閉口するでしょう。

(100)　私は、周囲のすべての印象を十二分に満喫することができた。

おわりに

本書の出だしに大学で初めて翻訳論の講義をしたときの驚きを書きました。ここでまたその話にもどります。学生が押すな押すなの盛況だったということ。上智大学の学生は、実情はともかく、外国語に強いというもっぱらの世評で、たしかに彼ら自身、英語の力はまんざらではないという自信を持っており、高校時代の英語の成績も悪くありません。しかし、そういう自信のもと翻訳の授業に参加した英文科・英語科の学生の中で、ほんとうに翻訳の資質があると考えられる人は、いったいどれだけいるか。まず100人中、5人もいないでしょうね。

そして、もう一つ別の話。現在、ぼくの周辺には翻訳者を目ざして修業中の弟子、すでに翻訳者として自立した弟子が、あわせて4、50人はいるでしょうが、その中に大学時代に英語・英文を専門に勉強していた人は、数えるほどしかいません。

この二つの事実は何を物語っているでしょうか。それは、いくら高校時代に英語の成績がよく、したがってまた大学で英語・英文学を専攻していても、翻訳家になる資質があるかどうかとはほとんど関係がないということです。

次。翻訳は知的なパズルで、面倒ながらたいへんおもしろいものであることにかなりのページ数を費しました。これは、厳密には、資質のある人には、翻訳はおもしろいものに感じられるということです。そこで、形式論理の問題になりますが、「AはBである」という命題が正しければ、その対偶の「BでないものはAではない」も正しい。これを上述の命題にあてはめると、翻訳をおもしろいと感じない人は、翻訳者の資質に欠ける、ということになります。あたりまえの話なのに、世間一般の認識は必ずしもそうではないらしい。「ハリー・ポッター」シリーズのバカ売れ現象を見て、翻訳って自宅にいてちょこちょこっとできる、ずいぶん割のいい仕事だ、わたしにも（英語は得意だから）できそうだ、ひとつやってみようか、と思う人が結構いるような気がします。とんでもない話。翻訳で巨万の富を築く人はいますが、それは宝くじにあたって億万長者になる人がいるのと同じことです。はっきり言って、翻訳ぐらい割に合わない仕事はないでしょう。翻訳に伴ういろいろな調査、印刷後の校正などすべての労働時間を考慮すると、ふつうの出版翻訳の場合、時給にして100円にもならないのではないかと思います。労ばかり多く、報われること少ない。これでどうして翻訳者になりたがる人がこんなにも多いのか、不思議でなりません。宝くじに当たることを期待して買う人が大勢いるのと同じさと言われればそれまでのようですが、宝くじは機会均等で万人に当選のチャンスがあるのに対し、翻訳はまず資質がなければチャンスはないのです。そして、翻訳をおもしろいと感じられなければ、資質はないものと見てよろしい。

割に合わない仕事なのに、現にぼくは翻訳を仕事としてやっている。翻訳塾には生徒がきちんきちんと顔を出す。それはなぜかというと、割に合うかどうか、お金になるかどうかなど問題ではない。ただただ、翻訳がおもしろい、翻訳が好きだからです。

まずはおもしろいかどうか、好きかどうかが先決。早い話、この本を読んで、なるほど翻訳とはおもしろいものだと思えない人は、翻訳者になろうなどという気持ちをさっさと捨てるのが一番でしょうね。

これが最後の結びとして言いたいこと、ぜひ心に留めていただきたいことです。

もう一つありました。逆、必ずしも真ならず、「AはBである」が正しくても、「BはAである」が常に成り立つわけではありません。つまり、翻訳が楽しく好きであっても、その資質があるとは必ずしも言えないのです。翻訳が楽しく好きであることは必要条件にすぎず、十分条件ではありません。しかし、好きなだけで資質に欠けるところがあっても、翻訳をする価値がないわけではない。楽しければ結構じゃないですか。なにごともそう。下手の横好きという言葉もありますしね。翻訳は知的なパズルですから、かっこうの頭の体操になります。10年ほど前からBECと称する私塾のような翻訳の勉強会を開いています。そもそもぼくは学生時代から自分のサインにBECを使っているのですが、この会の名称は正式にはBekku's English-translation Classの略ながら、実は「ボケ防止エンタテインメントクラブ」の略でもあります。

さらに、蛇足ながら、翻訳の資質はあっても、それだけで翻訳者になれるものでもない。翻訳者になる、言いかえれば翻訳して本を出版するためには、資質（才能）のほか、いろいろなものに恵まれなければだめです。こんなこと言うまでもありませんね。

最後に、しかし決して最小ではなく、陰になり日向になり期待にみちた声援を送って下さった BEC の皆さんに心からのお礼を申し述べます。

2006年秋　BEC

索　引

英語の項目をアルファベット順に掲出した後に
日本語の項目を五十音順で掲出する。

書名・作品名・著者名

事　項

本書は一九八〇年十二月二十日、ジャパンタイムズより刊行された『翻訳の初歩』を大幅に増補改訂したものである。

深く「読む」技術　今野雅方

「点が取れる」ことと「読める」ことは、実はまったく別。ではどうすれば「読める」のか? 読解力を培い自分で考える力を磨くための徹底訓練講座。

議論入門　香西秀信

議論で相手を納得させるには5つの「型」さえ押さえればいい。豊富な実例と確かな修辞学的知見をもとに、論証や反論に説得力を持たせる論法を伝授!

どうして英語が使えない?　酒井邦秀

『でる単』と『700選』で大学には合格した。でも、少しも英語ができるようにならなかった「あなた」へ。学校英語の害毒を洗い流すための処方箋。

快読100万語! ペーパーバックへの道　酒井邦秀

辞書はひかない! わからない語はとばす! すぐ読めるやさしい本をたくさん読めば、ホンモノの英語が自然に身につく。奇跡をよぶ実践講座。

さよなら英文法! 多読が育てる英語力　酒井邦秀

「努力」も「根性」もいりません。愉しく読むうちに豊かな実りがあなたにも。人工的な「日本英語」を棄て真の英語力を身につけるためのすべてがここに!

文章心得帖　鶴見俊輔

「余計なことはいわない」「紋切型を突き崩す」等、実践的に展開される本質的文章論。70年代に開かれた一般人向け文章教室の再現。(加藤典洋)

ことわざの論理　外山滋比古

「隣の花は赤い」「急がばまわれ」……お馴染のことわざの語句や表現を味わい、あるいは英語の言い回しと比較し、日本語の心性を浮き彫りにする。

知的創造のヒント　外山滋比古

あきらめていたユニークな発想が、あなたにもできます。著者の実践する知的習慣、個性的なアイデアを生み出す思考トレーニングを紹介!

新版 文科系必修研究生活術　東郷雄二

卒論の準備や研究者人生を進めるにあたり、何を身に付けておくべきなのだろうか。研究生活全般に必要な「技術」を懇切丁寧に解説する。

たのしい日本語学入門　中村明

日本語を見れば日本人がわかる。世界的に見ても特殊なこのことばの特性を音声・文字・語彙・文法から敬語や表現までわかりやすく解き明かす。

英文対訳 日本国憲法

英語といっしょに読めばよくわかる！「日本国憲法」のほか、「大日本帝国憲法」「教育基本法」全文を対訳形式で収録。自分で理解するための一冊。

知的トレーニングの技術〔完全独習版〕　花村太郎

お仕着せの方法論をマネするだけでは、真の知的創造にはつながらない。偉大な先達が実践した手法から実用的な表現術まで盛り込んだ伝説のテキスト。

思考のための文章読本　花村太郎

本物の思考法は偉大なる先哲に学べ！　先人たちの思考を10の形態に分類し、それらが生成・展開していく過程を鮮やかに切り出す、画期的な試み。

「不思議の国のアリス」を英語で読む　別宮貞徳

このけたはずれにおもしろい、奇抜な名作を、いっしょに英語で読んでみませんか――『アリス』の世界を原文で味わうための、またとない道案内。

さらば学校英語 実践翻訳の技術　別宮貞徳

英文の意味を的確に理解し、センスのいい日本語に翻訳するコツは？　日本人が陥る誤訳の罠は？　達人ベック先生が技の真髄を伝授する実践講座。

裏返し文章講座　別宮貞徳

翻訳批評で名高いベック氏ならではの文章読本。翻訳文を素材に、ヘンな文章、意味不明の言い回しを一刀両断、明晰な文章を書くコツを伝授する。

ステップアップ翻訳講座　別宮貞徳

欠陥翻訳撲滅の闘士・ベック先生が、意味不明の訳を斬る！　なぜダメなのか懇切に説明、初級から上級まで、課題文を通してポイントをレクチャーする。

漢文入門　前野直彬

漢文読解のポイントは「訓読」にあり！　その方法はいかにして確立されたか、歴史も踏まえつつ漢文を読むための基礎知識を伝授。（齋藤希史）

ちくま学芸文庫

さらば学校英語《がっこうえいご》 実践翻訳《じっせんほんやく》の技術《ぎじゅつ》

二〇〇六年十二月 十 日 第一刷発行
二〇一七年 六 月二十日 第四刷発行

著 者 別宮貞徳（べっく・さだのり）
発行者 山野浩一
発行所 株式会社 筑摩書房
東京都台東区蔵前二—五—三 〒一一一—八七五五
振替〇〇一六〇—八—四一二三

装幀者 安野光雅
印刷所 中央精版印刷株式会社
製本所 中央精版印刷株式会社
乱丁・落丁本の場合は、左記宛にご送付下さい。
送料小社負担でお取り替えいたします。
ご注文・お問い合わせも左記へお願いします。
筑摩書房サービスセンター
埼玉県さいたま市北区櫛引町二—六〇四 〒三三一—八五〇七
電話番号 〇四八—六五一—〇〇五三

ISBN978-4-480-09028-7 C0182